改革开放与法治建设

上海法律人见证的40年

主编　崔亚东

上海人民出版社

序

2018年，我们迎来了中国改革开放40年。

习近平总书记在参观伟大的变革——庆祝改革开放40周年大型展览时指出：改革开放40年来，在中国共产党坚强领导下，中国人民艰苦奋斗、顽强拼搏，用双手书写了国家和民族发展的壮丽史诗，中华大地发生了感天动地的伟大变革。党的十九大描绘了中国发展的宏伟蓝图，只要我们坚持以习近平新时代中国特色社会主义思想为指导，全面贯彻落实党中央决策部署，坚定不移全面深化改革、扩大对外开放，中国特色社会主义一定会迎来更加美好的明天。

40年的发展巨变，伴随着法治的发展进步。从邓小平同志建设社会主义法制的提出，到习近平总书记全面依法治国的战略布局，法治始终紧随中国特色社会主义事业的脚步护航前行。

上海作为全国改革开放排头兵、创新发展先行者，在40年的砥砺发展中，法治建设同样走在前列，取得了令世人瞩目的成就。以法治为改革开放护航，推进法治上海、平安上海建设，为全市经济、文化、民生、社会治理向纵深发展提供了充分的制度保障；以法治为改革开放服务，中心工作推进到哪里，法治服务就跟进到哪里，围绕"五个中心"建设、自贸试验区改革等创造一流的法治环境；以法治助改革开放攻坚，积极推进司法体制改革先行试点，创造了可复制、可推广的上海经验。主动聚焦中央决策和战略部署，积极回应社会需求和群众期待，不断完善法治政府建设配套机制，开展城市管理顽症综合整治，深化推进"放管服"改革、健全行政执法体制机制和社会矛盾多元化解机制等，使法治成为城市核心竞争力的重要标志；以法治帮改革开放聚力，坚持以"法治惠民生"的发展理念着力保障和改善民生，深入开展法学研究和法制宣传，在全社会积极营造学法尊法守法用法的良好氛围，为加快建设卓越的全球城市和具有世界影响力的社会主义现代化国际大都市凝聚起强大法治智慧与法治力量。

40年的砥砺奋进，凝聚着全市法学工作者、法律工作者的心血与付出。

在中国特色社会主义进入新时代新战略新征程的背景下，全面回顾40年来波澜壮阔的伟大历史进程，深刻总结上海法治40年的理论与实践的生动经验，立足现实，展望未来，具有承前启后的重大意义。为此，上海市委政法委、市法学会联合发起"改革开放40年·上海法学法律人见证的改革发展"为主题的征文活动，在全市产生了较大的影响。一是活动得到了广泛支持和响应。上海市政法各部门、市律师协会、各法学院校对活动给予大力支持，在本单位范围内广泛组织征文并从中精心推选出优秀文章参赛。活动共收到文章152篇，总计29万余字。投稿作者涵盖广大政法干警、法律服务从业人员与法学院校师生，保证了参赛文章的多样性和代表性。二是文章以小见大，真情感人。本次征文收集到的文章，主要是围绕改革开放40年特别是党的十八大以来上海在改革发展、执法司法、法学研究、法学教育等方面所取得的巨大成就、成功实践、经验启示等，以亲历、亲见、亲闻之事，生动形象地讲述改革开放的发展进程，特别是法治建设的进步。文章结合作者的人生经历，表达真情实感，生动讲述了上海改革开放以来的法治进步，让人看到了一幅幅法治建设成果的精彩缩影。三是活动积极向上，弘扬法治。本次征集的文章，从不同视角、不同侧面阐释了作者们对改革开放伟大历程和法治建设主要成就的理解与认识，展现了爱国之心、强国之梦、报国之志、法治信仰，充分表达了更好支持拥护改革、积极投身改革，在以习近平同志为核心的党中央坚强领导下，高擎改革开放伟大旗帜，将全面深化改革引向深入的决心和勇气，大力弘扬社会主义法治精神的正能量。

上海市委政法委和市法学会高度重视征文活动，为保证征文评选的公平和公正，真正选出高质量的征文作品，专门邀请有关单位专家担任评委，对隐去作者姓名和单位信息的文章进行"盲审"，最终选出最佳征文10篇，优秀征文50篇。现将这60篇文章结集出版，谨以此作为上海法学界、法律界向改革开放40周年的献礼！

不忘初心，牢记使命，为全面依法治国、建设法治中国、法治上海作出新的更大贡献！

是为序。

崔亚东

2018 年 11 月

目　录

华政法学教育 40 年回顾与发展启示

叶 青[*]

一、沐浴改革春风，再次复校兴业
（1979 年—1998 年）

（一）薪火相传，艰苦重建，学校步入正常发展轨道

华东政法大学是新中国创办的第一批高等政法院校，始终与国家法治建设的兴衰同呼吸共命运，在早期发展中经历了"两落三起"的曲折与坎坷。1952 年，经华东军政委员会批准，在圣约翰大学、复旦大学、南京大学、东吴大学、厦门大学、沪江大学、安徽大学、震旦大学、上海学院九所院校的法律系、政治系和社会系合并基础上于圣约翰大学旧址上正式成立华东政法学院。1958 年并入上海社会科学院，1963 年再次筹建，1966 年停止招生，1972 年再次被撤销，1979 年再次复校。2007 年，学校经教育部批准更名为华东政法大学。这一段艰苦的岁月与难忘的历史铸就了华政人的政治信仰和精神品格，是一代又一代华政人不忘初心、牢记使命，投身法学教育事业，砥砺前行的力量源泉。

1978 年召开的党的十一届三中全会揭开了党和国家历史的新篇章，

---

* 叶青，华东政法大学校长。

党中央决定将党和国家的工作重心转移到经济建设上来，实行改革开放，健全社会主义民主和加强社会主义法制。在此背景下，1979年3月，经国务院批准，学校再次复校，迎来了自己的第三次生命。

复校之初，百废待兴。学校各方面办学条件相当简陋和薄弱，这与"当年复校、当年招生"的目标形成了强烈反差。师资匮乏、青黄不接，缺少现成的教材和教学大纲。教室、宿舍极其紧缺（1972年学校被撤销后被上海社会科学院、上海市卫生学校、上海市卫生干部学校、上海市普陀区卫生学校、上海市蔬菜公司、上海市果品公司、天山医院、复旦大学分校八家单位分占）。学校在招收第一批303名学生时仅有东风楼一幢建筑，直到1999年4月7日，在司法部、上海市政府的协调与关怀下才将分散多年的校舍全部收回。复校之初的三年内，为了优先保证教学用房需要，刘少偊、徐盼秋、曹漫之等老一辈校领导带头与党政工团一起主动让出办公室，在大草坪上搭建帐篷办公。这就是在沪上被高教界广为传颂的华政"帐篷精神"。"帐篷精神"是学校复校伊始艰苦创业的真实写照，现在已经成为了华政人凝心聚力，为我国法学教育事业而执着努力的宝贵精神财富。"文革"期间很多年轻教师离开了教学一线，专业近乎荒废；被召回的"华政元老"也已两鬓斑白，力不从心。为了解决这一难题，时任分管教学的副院长曹漫之教授当机立断，锐意改革，通过社会招聘基本解决了师资不足的问题，章人英、洪丕谟、江海潮等一大批优秀的专业人才那时加入了华政。为了保证教学质量，曹漫之还对所有授课教师提出两点基本要求：一是保证有人上课；二是保证不被学生赶下讲台。"弹劾制度"造就了华政过硬的教学质量。教学资料毁损严重，加之1979年7月1日第五届全国人大通过了我国第一部《刑法》《刑事诉讼法》，但没有完整、规范的同名教科书，宪法教研室只有一本油印的讲义。没有教材，老师们就凭借手中仅有的法律文本、宣传资料和记忆中的知识，利用暑假，通过集体备课、编写讲义，确保学生一开学就能够拿到讲义进行学习。

在党和国家事业实现历史性转折，进入新的发展阶段之际，在党和政府的坚强正确领导下，学校老一辈领导人与前辈们一起筚路蓝缕，披荆斩棘，克服了种种困难，学校在恢复重建中再度扬帆起航。

（二）服务国家，强势复苏，学校成为我国法学教育重镇

1979 年复校至 1998 年的 20 年时间里，学校法学教育是在一系列重大历史背景条件下开展的：一是社会主义市场经济、民主和法制建设持续深入推进；二是人民检察院、律师制度、公证制度等恢复重建，各行各业急需大批合格的法律专业人才；三是我国的高等教育实行的是精英教育路线；四是很多大学由国务院部委、直属机关直接管理；五是国家实行大学生统一高考录取、就业统一分配制度等。

这期间，学校为司法部直属的全日制普通高等院校，主要接受司法部的直接领导和管理。作为政法院校，为社会培养各级各类法律专业人才，为国家司法机关培养后备力量是其基本任务和立校之本。考虑到法律人才素质结构的固有属性，学校极其重视学生的政治素养与道德品质培养，于 1990 年制定了《华东政法学院德育大纲》，有效保证了法律人才思想政治、理论素养的提高。以后，司法部以该大纲为基础制定了《司法部直属普通政法院校德育大纲（试行）》并发文要求各院校执行。上海市高教局以该大纲为基础制定颁布了《上海市普通高校德育大纲》，国家教委在综合上海市德育大纲的基础上，制定颁布了全国《普

通高等学校德育大纲》。经过多年的恢复、建设与发展，学校从原来的单一法律系科院校逐步发展成为以法学专业为重点，兼具经济、外语和管理类专业的多科性院校，打破了学校长期以来专业单一的办学格局。1996年学校获准设立法律硕士专业学位，成为了全国首批八所培养实践型法律专业研究生的院校之一。1998年经国务院学位委员会批准，学校成为法学博士学位授权单位，国际法学成为博士学位授权学科，学校也因此成为了上海地区首个拥有法学博士学位授予权的高等院校，这是当时学校复校后取得的最令人鼓舞的办学成就。学校国际经济法和法制史两个学科被列为司法部重点学科；国际经济法、经济法、民商法三个学科被列为上海市重点学科。学校办学规模逐步扩大。1998年，学校全日制本科生达到了3033人、研究生达到了396人、专任教师291人。学校拥有一大批颇有学术建树和敬业精神的法学专家、教授，他们为我国法学教育、法学理论研究和司法实务提供了极为丰富的知识贡献。众多教师和科研人员在全国性学术团体担任正副会长等要职，或在人大、行政和司法机关担任专家咨询委员等职。学校先后接受立法机关委托，起草、组织起草或参与起草200余部法律、法规。学校第二次复校后的第四任院长曹建明教授于1994年12月和1998年5月分别走进中南海为中共中央政治局领导主讲了两次法制讲座，为华政赢得了极大的社会声誉。

学校紧紧抓住改革开放这一历史发展机遇，以服务国家经济建设和社会主义民主、法制对法律人才的需求为己任，遵循"笃行致知，明德崇法"校训，在"帐篷精神"引领下，坚持"培养社会主义合格法律人才"的根本宗旨不动摇，取得了一系列令人瞩目的成绩，为学校后来的发展奠定了坚实的基础。1998年学校45周年校庆时，时任最高人民法院院长肖扬题词，将学校喻为"法学教育的东方明珠"。

二、抓住政策机遇，实现跨越发展
（1999 年—2007 年）

（一）新建校区，二次创业，学校办学规模迅速扩大

党的十一届三中全会以来，我国经济社会快速发展，然而，高层次人才的培养速度和规模越来越难以满足经济社会发展需求，高等教育的供求矛盾日益突出。为此，我国从 1999 年开始实行高校扩招政策。1999 年教育部公布了《面向 21 世纪教育振兴行动计划》，计划提出力求到 2010 年实现大学毛入学率 15% 的目标。"十五"计划又将这一目标的实现提前到 2005 年。经过不到 10 年的时间，我国高等教育发生了历史性变化，发展规模先后超过俄罗斯、印度、美国，成为世界第一。2007年，我国高等教育毛入学率达到了 23%，比扩招前高等教育 5% 左右的毛入学率高出 18 个百分点。学校的发展面临着扩大招生和办学资源紧张的突出矛盾。当时，学校只有长宁一个校区，占地面积仅有 240 亩，比司法部直属的其他四所政法学院明显要小很多，且已经没有可以挖掘利用的空间。此外，因长宁校区的许多校舍都属于近代优秀保护性建筑，不能改建、扩建，严重影响和制约了学校响应国家高校扩招政策而扩大规模、快速发展的需要。

2000 年，学校由原司法部直属高等政法院校，改为"中央与上海市共建、以上海市管理为主"的普通高等院校。2002 年，在上海市政府的大力支持下，学校获准进入上海松江大学园区办学，松江校区占地面积1084 亩。2003 年—2005 年，松江新校区建设工程陆续竣工。为学校第

二次创业，提供了办学资源的强有力的支撑与保障，使学校办学规模得以迅速扩大。截至 2007 年 8 月，学校全日制在校生 13235 名，其中本科生 10754 名，硕士、博士研究生 2033 名，留学生 45 名，成人脱产生 403 名。办学规模为 1998 年办学规模的 3 倍，为 1979 年办学规模的 35 倍。实现了由"千人学院"向"万人大学"的转变。

（二）多点发力，升级大学，学校综合实力明显跃升

回顾历史我们不难发现，新中国成立后的很长一段时间里，截至 1999 年高校开始扩招、2000 年大学生包分配制度完全退出历史舞台之前，我国实际上是沿袭苏联的办学模式，以工具主义哲学理念为指导设定大学教育目标并加以实施的。为了培养训练有素的从业人员，课程设置和教学内容都进行了大幅调整，与专业关系不大的基础课程、人文社科课程等都减少许多，甚至被取消。"按照这种经过慎重考虑的教学计划去学习，学生毕业后，即可以成为那一门的专家，立即可以担任起工程师或其他相当的职务。"这也是华政法学教育早期的发展理念和所走过的历程。

进入 21 世纪，我国高校的法学本科专业设置审批不断提速，连年扩大招生，包分配制度彻底取消，逐步确立高校综合实力评价导向体系等，在客观上已经对之前以学院为主对口培养专门人才的高等法学教育运行生态系统提出了严峻挑战，迫使政法学院不得不对新时期的人才培养目标和定位进行全方位的重新审视和设计。而与此同时，随着时代的进步、经济社会的发展以及国际化程度的加深，社会对法律人才的需求也发生了根本性的变化，原来的单科型人才已经不再适应社会的需要。就政法类高校的毕业生而言，一方面，公、检、法、司这些传统的用人

单位无法再容纳由于大学扩招而产生的大量毕业生；另一方面，由于法律实务部门工作内容的日益复杂化、综合化和开放性，他们也需要引进各种法律功底扎实，同时具有一定经济、管理、外语等专业特长的复合型法律人才。政法院校只管传授法律知识，毕业生由国家统一分配的计划经济教育模式时代已经一去不复返了。单科性的政法学院向各文科（甚至理工）交叉型的以法学为主的多科性大学发展成为历史的必然选择。而当时，学校形式上仍然是政法学院，实际上却承载了很多大学的功能；形式上开展的是法律职业教育，实际效果却是地地道道的通才教育。以学校2007届毕业生就业去向为例，92%的学生到了非司法机关工作，8%的学生到了司法机关工作。法学教育事实上已经是一种通才教育了。这种形式与内在实质之间的矛盾与冲突成为了当时阻碍学校快速发展的障碍。

面对这一新的困境，学校对标综合性大学建设标准，依托上海地缘和法学学科优势，以超常规速度，在继续加强法学专业建设的同时，稳步发展与法学关联度较强的学科专业，建成以法学为主的学科专业群。一是整合资源，设立新专业，为上海"四个中心"建设培养区域经济社会发展所急需的人才，如设立金融学、国际经济与贸易、国际金融法律、国际航运法律等专业；为适应国家实现知识产权战略对知识产权专业管理人才的需求，开设了国内第一个知识产权本科专业。二是注重特色发展、错位竞争，以设置专业方向的方式加强新专业与法学专业的交叉、融合，将传统专业办出特色。如会计学专业设司法会计方向，英语、日语专业设涉外法律方向，汉语言文学专业设法商文秘方向，新闻学专业设法制新闻方向，社会工作专业设司法社会工作方向，通过法商结合、法经结合、法文结合、法社结合，凸显专业特色。三是以新专业的建设促进法学专业的发展，推动法学复合型人才的培养，丰富法学学科专业建设体系。截至 2007 年，学校已发展为拥有 11 个二级学院（系）、研究生教育院、继续教育学院；初步形成了五大学科门类、22 个本科专业的学科专业体系；拥有法学一级学科硕士学位、博士学位授予权。学校实现了由单一法学学科向"以法学为主，经济学、管理学、文学、工学等学科协调发展、办学特色鲜明的多科性大学"的转变。学校教育经费投入、人才培养、师资队伍建设、科学研究、社会服务等方面也都取得快速发展。2007 年 3 月，学校经教育部批准，正式更名为华东政法大学，开启了 21 世纪华政法学教育的新征程。

三、坚持内涵发展，建设一流政法大学和一流法学学科（2008 年一至今）

法学教育属于上层建筑范畴，根本上是由我国经济社会发展的现实和需要所决定的，同时，它又具有一定的能动性，可以通过制约或推动的方式作用于经济社会发展。从这个意义上说，法学教育与我国经济社会发展是相辅相成的。从 2008 年开始，我国经济社会经过几十年的高速发展后开始进入了换挡、调整期，经济社会发展会在很长一段时间呈现 L 形走势，旧的经济增长模式已经难以为继，新的经济增长模式仍在探索之中。这成为了我国经济社会发展的"新常态"。同一时期，我国法学教育经过多年的高速发展也达到了前所未有的规模。目前我国法学院校已有 600 余所，上海有 20 所。据统计，2016 年全国高校法学学科本科在校生数已经达到了 559597 人，上海达到了 22012 人。2014 年教育部公布的近两年各地就业率较低的本科专业名单中 13 个省、自治区、直辖市的法学专业上榜，占比高达42%，其中包括上海。第三方教育咨询机构麦可思研究院自2011年开始发布就业前景最不看好的本科红牌专业至今，法学专业每年上榜。因法学教育规模庞大而导致的产能过剩现象日益突出，法学教育领域的协调可持续发展也成为了一个摆在面前的棘手问题。如何在这一背景下办好法学教育，占领未来发展的制高点是学校面临的新的现实课题。

2007年以来，教育部、上海市教委密集出台了一系列政策文件，如《教育部财政部关于实施"高等学校本科教学质量与教学改革工程"的意见》（教高〔2007〕1号）《上海市教育委员会关于印发〈上海高等教育内涵建设"085"工程实施方案〉的通知》（沪教委科〔2009〕2号）《教育部中央政法委员会关于实施卓越法律人才教育培养计划的若干意见》（教高〔2011〕10号）《教育部财政部国家发展改革委关于印发〈统筹推进世界一流大学和一流学科建设实施办法（暂行）〉的通知》（教研〔2017〕2号）等，旨在引导各高等院校加强内涵建设，切实提升教育质量。2017年，习近平总书记在党的十九大报告中提出，要加快一流大学和一流学科建设，实现高等教育内涵式发展。为今后很长一段时期我国法学教育的发展道路指明了方向。

近年来，学校以深入贯彻落实教育部、上海市教委"质量工程""085内涵建设工程""卓越法律人才教育培养计划""高峰高原学科建设计划""一流本科教育建设计划"为抓手，在加强内涵建设，切实提升法学教育质量方面进行了卓有成效的改革探索，学校法学教育事业再创辉煌。在教育部第四轮学科评估中，学校法学学科被评为A级。法学学科被列为上海市高峰学科，位列全国五强。2016年公共管理获批一级学科博士学位授予权。国家社科基金法学类项目、司法部项目立项数

2015、2016、2017 年连续三年获得全国第一，国家级重大课题立项数在全国政法高校中居领先地位。2016 年中国法学核心来源期刊位列全国法学院校前列。法学专业、侦查学专业获批为国家级特色专业建设点；法学综合实验中心获批为法学类国家级实验教学示范中心；开放型国际法律人才培养模式创新实验区获批为国家级人才培养模式创新实验区。建设了 4 门国家精品课程、4 门国家级精品资源共享课、2 个国家级教学团队。陈鹏生、王召棠、苏惠渔、何勤华、顾功耘 5 人入选"影响中国法治进程的百位法学家"；16 人任中国法学会各专业学会会长、副会长；曹建明、何勤华、李秀清获评"全国十大杰出中青年法学家"称号，2008年以来，新增 5 人获评"全国十大杰出青年法学家"提名奖等；刘宪权荣获"全国先进工作者"称号；吴弘、王立民荣获"全国优秀教师"称号；傅鼎生老师被学生誉为"大先生、好老师"；屈文生、王迁入选教育部"长江青年学者"等。学校高水平法学师资队伍建设取得长足发展。2011 年开始，学校以"德法兼修、融通复合、高端涉外"为建设理念，主动对接国家全面依法治国战略以及上海"四个中心"和全球有影响力的科创中心建设需求，开始了卓越法律人才培养的建设试点工作，并成为了上海市唯一一所入选教育部首批 3 大卓越法律人才教育培养基地的全满贯建设单位。学校根据三大基地的人才培养目标与定位，按照"分类培养、强化特色"的原则，依托优质法学教育和学科资源，创新人才培养模式，先后设立了 7 个卓越法律人才培养实验班，探索出了本硕贯通制培养、中外联合培养、与实务部门合作培养、定向式培养等多种人才培养模式，取得了明显成效。2017 届卓越法律人才培养实验班的毕业生中，110 人考入北大、清华、交大、哈佛、耶鲁、新加坡国立大学等国内外高校继续深造，其中，34 人被推荐免试攻读法学硕士研究生；51

人被海外高校录取，多数学生被录取到英国伦敦政治学院、加州大学洛杉矶分校等排名前100的世界名校。直接就业的学生当中，进入国家外交部、商务部、工商总局、司法机关和律师事务所等机构的学生占比达到67%，西部班的毕业生全部到中西部法院、检察院工作，很多同学本科毕业即进入金杜、大成、君合、中伦、国浩等高端一线律师事务所参加工作。成立以第一任院长魏文伯教授的名字命名的文伯书院，在全国政法类院校中率先开展书院制人才培养改革实践，探索通识教育、养成教育、专业基础教育和专业提升教育一体化的培养模式。书院通过构建"实体化书院、通识课程体系、导师制和书院社区"四大要素，旨在解决学生的全面发展与专业培养之间的平衡问题，为学生提供更多自主成长的空间，创建法科特色、多科融合的育人环境。书院培养方案中，大幅提升通识课程学分比重，增幅为109.1%，同时完善了历史文化传承与人文素养、法治精神和专业养成、创新思维与创业能力培育、新生研讨和跨学科前沿讲座、当代中国与世界视野、社会研究与公共管理、科学思维与科技发展、艺术修养与运动健康在内的八大通识教育课程体系。

学校现有法学、政治学、经济学、文学、管理学、理学学科的24个本科专业；拥有法学、公共管理一级学科博士学位授予权及应用经济学、政治学、马克思主义理论、社会学、外国语言学位、新闻传播学一级学科硕士学位授权。法学学科设有法学理论、法律史、宪法学与行政法学、刑法学、民商法学、诉讼法学、经济法学、国际法学、知识产权、司法鉴定、社会法学、法政治学、公安法学、法律方法论、军事法学（硕士）、法律与金融（硕士）16个学位授权点，应用经济学设有产业经济学、金融学、国际贸易学、区域经济学等学位授权点，政治学设有政治学理论、中外政治制度等学位授权点，马克思主义理论设有马克思主义基本原理、马克思主义中国化研究、思想政治教育、社会主义法制教育与传播研究等学位授权点，公共管理设有行政管理、社会保障、文化产业管理、公共安全管理、社会管理、教育经济与管理等学位授权点。同时设有法律（非法学）、法律（法学）、公共管理、金融、社会工作、翻译、新闻与传播和会计 8 个专业学位授权点。

站在新的起点，学校上下正在凝心聚力，以马克思主义为根本指导思想，紧密团结在以习近平同志为核心的党中央周围，高举中国特色社会主义伟大旗帜，深入学习贯彻习近平新时代中国特色社会主义思想和党的十九大精神，坚持"立德树人"根本任务和"德法兼修"根本要求，锐意进取，改革创新，抢抓国家教育综合改革的战略机遇期，确立事业发展的"四梁八柱"整体布局，坚持"开门办学、开放办学、创新办学"发展理念，深化"教学立校、学术兴校、人才强校"发展模式，构建"法科一流、多科融合"发展格局，实施"两基地（高端法律及法学相关学科人才培养基地、法学及相关学科的科学研究基地）、两中心（中外法律文献中心、中国法治战略研究中心）、一平台（互联网＋法律大数据平台）"发展路径，完善改革举措，推进协同创新，坚持依法治校，强化内涵发展，逐步建成一所国际知名、国内领先，法科一流、多科融合，特色鲜明、创新发展，推动法治文明进步的高水平应用研究型大学和令人向往的高雅学府。

四、华政法学教育 40 年发展的重要启示

（一）坚持党的领导，坚持社会主义办学方向

回顾历史，学校从"二落三起"、恢复重建到升级大学实现跨越式

发展，再到大力推进一流政法大学和一流法学学科建设的鲜活实践一再证明，学校的发展始终离不开党的坚强领导，始终需要坚持社会主义办学方向。大学之道，在明明德。大学是社会的一部分，不能脱离社会孤立存在。大学从诞生的那一天起，就具有鲜明的意识形态属性。我国是世界上最大的社会主义国家，《宪法》第1条明确规定："社会主义制度是中华人民共和国的根本制度。中国共产党领导是中国特色社会主义最本质的特征。"中国的大学，必然需要坚持党的领导，具有鲜明的社会主义属性，这是我们与西方大学的最本质区别，也是中国大学的最大特色。"才者，德之资也；德者，才之帅也。"2018年5月2日习近平总书记在北京大学师生座谈会上就新时代高校"培养什么样的人、怎样培养人"的问题进行了深刻分析，作出重大论断，要求高校坚持党的领导，坚持社会主义办学方向，培养社会主义建设者和接班人；坚定不移走内涵式发展道路，借鉴国外有益做法，扎根中国大地办大学，形成高水平人才培养体系。习近平总书记关于高校"培养什么样的人、怎样培养人"的重大论断为新时代我国高等法学教育如何乘风而去，乘势而为，为全面建成小康社会，全面建设社会主义现代化强国，实现中华民族伟大复兴培养一大批"德法兼修"的社会主义建设者和接班人指明了方向，是学校办好法学教育的根本遵循，具有深远而现实的指导意义。学校办学40年的实践证明，坚持党的领导，坚持正确的社会主义办学方向，是学校取得跨越式发展的根本保障和坚强保证。

（二）与祖国同呼吸共命运，始终以国家法治事业为己任

高等院校承载着人才培养、科学研究、社会服务、文化传承与创新、国际交流与合作五大社会职能和使命，需要在服务国家发展战略和

对接经济社会发展需求中有所作为，彰显自身价值，完成历史使命。改革开放之初，我国社会主义民主、法制建设近乎一片空白，党和国家将工作重心从"以阶级斗争为纲"转移到了"以经济建设为中心"上来，法制事业亟需配套发展，社会各行各业需要大量合格的法律人才予以充实。在此情况下，学校积极响应党和国家的号召，快速重建，恢复法学研究与教育，一方面狠抓法学研究，积极参与国家立法起草、论证等工作，另一方面为国家培养了大批政治素质过硬、业务精通的合格法律人才。建校66年来，从华政走出了1名全国人大副委员长、1名共和国首席大检察官、8名共和国大法官、5名共和国大检察官、2名全国律协副会长等一大批杰出校友，学校成为优秀法治人才成长的摇篮，被誉为法学教育的东方明珠。伴随着中国特色社会主义市场经济地位的确立和我国经济社会的蓬勃发展，改革开放初期法律人才紧缺的状况已经得到解决，与之而来的则是人才培养的速度和规模越来越难以适应经济社会发展的需求，人民渴望子女接受高等教育的愿望愈发强烈，高等教育的供求矛盾越来越突出，当然，法学教育也不例外。在此背景下，学校在国家的大力支持下，新建校区，实现了二次创业，办学规模实现了突飞猛进的增长，并发展成为以法学为主，多学科协调发展、办学特色鲜明的多科性大学。当前，国家正在调整经济结构和增长方式，旨在实现经济社会转型发展、高质量发展。党的十九大报告提出，中国特色社会主义进入了新时代，我国社会主要矛盾已经转化为人民日益增长的美好生活需要和不平衡不充分的发展之间的矛盾。人民群众期盼有更好的教育就是其中的需求之一，满足人民群众对优质高等教育的需求是中国大学的历史使命和责任担当。法学教育形势正在发生新的历史性的转变。学校二次复校以来的发展反复证明，只有始终以卓有成效的进行时态服务国家发展战略需求，才能永葆发展动能，实现自我革新和新的进步。

（三）牢固确立人才培养工作中心地位，走内涵式发展道路

人力资源是我国经济社会发展的第一资源，高等院校是培养造就专门人才和拔尖创新人才的主阵地。高等院校虽然被赋予了多项社会职能，但人才培养始终排在首位，始终是其最核心和最重要的工作。《国家中长期教育改革和发展规划纲要（2010—2020年）》中明确提出，高等院校应牢固确立人才培养工作的中心地位。学校二次复校以来，始终把人才培养工作放在一切工作的首位，坚持以人为本，突出学生的主体地位和教师的主导地位，为师生全面发展创造良好的体制机制和环境，累计为国家培养了数十万计的合格法律人才、一大批精英杰出人才，形成了法学教育的华政品牌，原最高人民检察院检察长、现任第十三届全国人大常委会副委员长曹建明正是在此期间两次走进中南海为中共中央政治局领导集体授课，成为了我国法学教育界第一位走上国家层面法律实务部门领导人岗位的华政人。学校过去取得的办学成绩无不启示我们，任何时候，学校的第一天职永远是培养人，只有培养出了符合党和国家需要的高端创新型法治人才、法律精英，才能不负使命，成就自己。新的时期，学校将继续牢固确立人才培养工作中心地位不动摇，坚持"开门办学、开放办学、创新办学"理念，深化"教学立校、学术兴校、人才强校"发展模式，推动学校法学教育多培养人才，培养好人才。习近平总书记在党的十九大报告指出，要加快一流大学和一流学科建设，实现高等教育内涵式发展。"一流大学和一流学科建设"目标的提出一针见血地指出了当前我国高等教育在爬坡过坎阶段所需要直面的问题和努力的方向，也是对我国高等教育多年来发展经验的总结和升

华。建设"一流大学和一流学科",从指标上考量,需要对标世界标准,摒弃以往外延式、粗放式、规模化的野蛮扩张,转而从内部要素的有机组合、重整与人才培养的科学规律入手,走内涵式、集约式、精品化的高质量、高水平纵深发展模式,切实提升人才培养质量和效果。这要求学校在新时代牢记使命,加快推进一流政法大学和一流法学学科建设,为法治中国建设,为国家"一带一路"倡议实施和上海"五个中心"建设,培养大批德法兼修的卓越法律人才作出新的贡献。

（四）大力传承和弘扬"帐篷精神",凝聚内生发展动力

学校老一辈领导和前辈们胸怀仰望星空的法治情怀,用脚踏实地的"帐篷精神"带领华政这所久经曲折和磨难的法学教育巨轮再次鸣笛开拔。"帐篷精神"成为了华政人面对困难,超越自我,团结奋进,推动学校法学教育事业向前发展的共同的精神家园和不断前行的原动力。众所周知,我国高等法学教育经过多年的连续扩张,办学总体规模已经十分庞大,各法学院校之间的办学竞争异常激烈,大家都在采取各种办法措施推动高水平、高质量发展。逆水行舟,不进则退。在这样的大环境之下,学校稍不留神,就会丧失部分传统的比较优势,甚至一落千丈。面对如何破解新时代国家对于法学教育转型发展、内涵发展的新课题,学校需要再次大力传承和弘扬"帐篷精神",发扬"逆境中崛起,忧患中奋进,辉煌中卓越"的精神,将法治信仰与务实精神结合起来,同向同心,形成合力,充分调动校内外关心支持学校发展的各方面的力量投入学校法学教育事业中去。

（五）深刻把握法学教育发展规律,站在法学教育最前沿

随着全球经济飞速发展和科技进步的日新月异,各种思想文化的相

互碰撞、融合，越来越多的国家和地区对于法治的发展机制、规律及其趋势均有了一定程度的共识。各国基于自身国情，又衍生出具有鲜明特征的法学教育发展模式。习近平总书记曾经指出，对世界上优秀的法治文明成果，要积极吸收借鉴，也要加以甄别，要扎根中国大地办大学。办好中国的世界一流大学，必须有中国特色。没有特色，跟在他人后面亦步亦趋，依样画葫芦，是不可能办成功的。这是社会主义法治文化建设的重大战略任务，是全面建设社会主义法治国家的现实需求。学校应充分发挥自己在法学教育领域的优势，加强法治及其相关领域基础问题研究，积极主动参与构建中国特色社会主义法学学科体系、话语体系、课程体系、教材体系等，为完善中国特色社会主义法学理论体系、建设社会主义法治国家提供强有力的支撑。做实专业教育，强化通识教育，培养法治人才的精度与厚度。随着我国法治建设进程不断深入和全球化趋势不断加强，法律职业的高度细分性日益显现，未来法律服务的内容和种类将越来越多元化、高端化，国内业务和国际业务的边界进一步模糊，法律服务的链条也将进一步延伸至法律与其他领域的交叉增值领域。这要求法学教育不仅要培养学生练就深厚的法学功底、娴熟的法律技能，更需要多学科知识底蕴，持续、快速的学习能力，国际化视野与跨文化交流的能力，熟练运用大数据检索和人工智能推进法治发展的意识和能力等。未来多学科基础和能力的培养以及与法学教育的有效复合等是学校当前及今后很长一段时间需要研究和积极应对的法学教育方向问题。可喜的是，学校的书院制改革、大类招生、大类培养已经走在了改革实践的路上。期待着这种改革会让华政的法学教育迎来第二个春天。

法院的新时代生活

高 玥[*]

岁月如歌，改革开放也迎来了第40个年头。40年后，华夏大地发生了翻天覆地的变化，当年的婴孩成为了社会的中流砥柱，而最让我们法律人自豪的是——人民法院也开启了新时代的生活，不信你看！

智慧法院

立案大厅里来了个叫法宝的机器人，它正眨着萌萌的大眼睛，慢条斯理地帮一位老阿姨解释接下来的诉讼流程……法宝似乎会读心术，才跟它对视几秒钟，它就朝你走过来了，眼巴巴地等着你问它些什么，而你的问题它几乎总能对答如流。这是某部科幻小说的场景？错！这只是发生在上海法院某立案大厅的日常情景，这台机器人拥有诉讼引导、法律咨询、联系法官和心理疏导四大功能，为普通诉讼服务人群提供了很大的帮助。当然，智慧法院里角色众多：智能终端辅助办案系统打破了法官办案的物理空间局限，即使在上下班的路上，打开手机APP，点击移动办案，工作可以照旧进行；裁判文书智能分析解放了法官的双眼，成

---

* 高玥，上海市高级人民法院法官助理。

了文书的挑刺神器；语音识别系统解放了书记员的双手双耳，不用再码字飞快、立耳细辨方言，工整的笔录已经跃然纸上；网上立案、网上阅卷解放了当事人的嘴和双腿，更大大减轻了法官们的工作量。上海法院智能辅助办案系统算得上是这里的大角色了，它不再局限于同类资料的汇总输出，还将通过对海量抓取信息的分析，实现证据标准指引、单一证据校验、证据链和全案证据审查判断等一系列功能，成为法官办案的智慧助手，系统实现智能初步断案也指日可待。智慧法院，是改革开放以来人民法院将信息化作为深刻自我变革的新时代产物，它的建成与发展不仅体现了法院人的智慧，更彰显了法院人贯穿始终的改革精神。不过要更大程度发挥智慧法院的作用，还离不开另一项改革成果——透明法院。

透明法院

有朋友问我，为什么上海高院的大楼通体都是玻璃？我说，因为我们是透明法院呀。虽然是一句未经官方认证的玩笑话，但也的确是句实话。"努力让人民群众在每一个司法案件中感受到公平正义"是我们的工作目标，以公开促公正则是实现这一目标的重要方式。党的十八大以来，最高人民法院和上海市高级人民法院党组高度重视司法公开工作，以巨大勇气担当主动公开司法审判各领域、各环节信息，上海法院在建设"阳光司法、透明法院"方面投入了大量心血。司法公开的内容越来越多，渠道也越来越多样，比如目前上海法院司法公开平台下就包括了审判流程、裁判文书、执行信息、庭审直播、12368、律师服务、当事人服务、公众服务、联络服务、知识产权服务、法院新闻、网络拍卖等十几个公开版块。当事人可以通过全国司法公开平台、上海法院司法公开平台、微信、服务热线、手机 APP、大厅服务等多渠道获取法院信息，从立案到审判到执行的整个审判流程信息、裁判文书、庭审录音录像等，除涉及国家秘密等不宜公开的事项，都最大限度地予以公开，同时借助智慧法院的建设，不少信息当事人只要在家中动动手指就能查阅。在近期公布的中国司法透明度蓝皮书中，第三方专业评估机构更是对上海的透明法院建设给予了高度肯定。有了透明法院，人民追求公平正义的理想才能获得切实保障，而透明法院建设能够取得如今的成绩，正是与改革开放以来，特别是党的十八大以来全面深化改革的决心密不可分。

科学管理

智慧法院、透明法院的建设为新时代法院提供了硬件保障，但如果没有科学的管理，尤其在案件数量大幅增长的当下，仅靠过去人盯人、人盯案的模式显然不利于法院系统的有效运行。因此，一套科学的审判管理制度在法院改革进程中逐渐形成。对全院而言，审判质效、均衡结案是科学管理的重中之重，定期通报、专项督查、系统预警等方式可以及时发现司法活动中可能存在的问题，然后就此研究探索长效解决机制；对法官个人而言，个人工作量的评估与法官业绩直接关联，上海法院创造出一套科学的案件权重系数算法，以案由和审理程序为基础，以庭审时间、笔录字数、审理天数和法律文书字数为计算依据，区分不同类型案件的适用系数，合理计算每位法官的工作量，既保障了法官办理疑难杂案的积极性，也让滥竽充数的个别人原形毕露。科学管理既是法院改革的产物，更是新时代形势的必然要求。

步履不停

改革开放 40 年，人民法院秉承全面深化改革的理念实现了多方位的革新，无法一一罗列，但希望借前文的举例，也能够展现出新时代法院的风貌。法院的新时代生活告别了过去埋首案卷堆、奋笔记笔录的日子，但当年满腔法治天下的热血、一笔一划中流露的情怀仍让人格外珍视，所以怀旧之情难免，直到有一天看到单位街边瘦骨嶙峋的法桐，不知何时又长满了叶子，我忽然想起了贾平凹先生曾经写道，法桐年年凋落旧叶，而以此渴望来年的心声，它才没有停滞，没有老化。终于明白，正是因为我们怀旧而不恋旧，坚持改革开放的路线，才走进了如今的新时代，我们的法院才一直展现着勃勃生机，也正是因为我们知道新时代的法院就在前方，所以才依旧步履不停，改革不止！

以信仰之名，行检察改革之路

陈 沁[*]

每一次伟大的变革，都是在时代的呼唤中启航。2012 年的初冬，党的十八大提出"要进一步深化司法体制改革"。两年后，司法体制改革正式启动，上海成为了第一批试点省份之一，并率先在全国拉开了改革大幕。如今，上海检察改革的步伐也已经前行了将近四年的时间。这些年，栉风沐雨；这些年，砥砺前行。在习近平新时代中国特色社会主义思想的指导下，上海检察改革步稳蹄疾，壮阔恢弘的改革画卷徐徐展开。

先行探路，这是一次科学化的尝试。上海检察机关在全国领路开启检察人员管理新模式。建立了检察人员分类管理制度，将检察人员分为检察官、检察辅助人员以及司法行政人员三类，为不同岗位和类别的检察人员拓宽了职业前景，实现各归其类、各得其所。2016 年的夏天，我成为了上海检察改革后第二批统一招录的检察官助理，属于上述分类里的检察辅助人员。身为检察官助理，我是协助检察官履行检察职责的辅助人员，不仅是专业性助手，还处于检察官的预备梯队之中。改革为我们年轻人预留了更大的发展空间。青年兴则国家兴，青年强则国家强。上海检察机关还在全国率先实行了员额统筹管理和动态调剂，建立起全

* 陈沁，上海市人民检察院检察官助理。

市统一的检察官遴选调配平台，通过合理确定和控制检察官的员额，提高检察官的综合素质。人员分类管理以及员额制改革是一次科学化的检察人力资源的重新配置，是新常态下开展检察工作的需要，符合司法规律和检察工作的职业特点，对突出检察官的主体地位、构建职业化的检察队伍以及保障检察权的运行具有重要的意义。

攻坚克难，这是一种责任担当的选择。检察官办案责任制的持续深化，不仅意味着检察官手中的权力变大了，还代表着检察官所肩负的担子和责任更重了，所承载的是人民群众的期盼。检察官对办案质量终身负责。一次选择，一生的担当。"放权并不意味着放任。"上海检察机关在构建各级院、各条线岗位权力清单的同时，也在不断健全检察权运行内部监督机制。从事中对办案流程的全程、同步、动态监控，到事后对已办结案件的质量检查、分析与评价，以及借助于信息化手段研发的流程监控智能预警系统和 2.0 版案件质量评查系统，无一不是强化监督的体现，而监督则是为了更好地规范司法行为，促进办案质量和效率的提高。于我而言，感受就更为深切。位于案件质量评查岗位上的我，所看见的不仅仅是 2016 年对重点案件评查力度的加强，到 2017 年评查覆盖范围的增加以及交叉评查方式的创新，再到 2018 年案件质量评查系统 2.0 版本的上线运行以及案件质量评查工作实施细则与标准的重磅出台，所感受到的更是检察人的那份"为了努力让人民群众在每一起司法案件中感受到公平正义"的坚定决心。

勇立潮头，这是一场专业化的创新。2014 年 12 月 28 日，依托上海铁路运输检察分院，成立了上海市人民检察院第三分院。这是司法体制改革顶层设计下，我国成立的首家跨行政区划检察院。三年多来，不仅办理了系列疑难案件和新罪名案件（如"11·25 销售日本牛肉案"），而且积极研究职能管辖、办案机制、专业化建设等工作，初步形成了一套可复制可推广的"上海样本"。2017年3月28日，四个以检察官个人命名的检察官办公室在上海浦东新区人民检察院正式成立揭牌。这是上海检察机关探索新型办案组织的首创性举措，是进一步发挥十九大代表施净岚等优秀检察官专长和辐射效应的创新性实践，更是打造专业化、精英化检察办案团队的新型载体。党的十八大以来，从跨行政区划检察院到检察官办公室的探索成立，专业化的机制创新驱动着检察改革的车轮不断提速、发力。

精准定位，这是一次时代性的破冰。习近平总书记说："我们既要绿水青山，也要金山银山。宁要绿水青山，不要金山银山，而且绿水青山就是金山银山。"随着经济水平的不断提高，生态环境和资源保护的重要性被上升到新的高度。新形势下检察机关提起公益诉讼破冰前行。2017年6月27日，全国人大常委会作出《关于修改〈中华人民共和国民事诉讼法〉和〈中华人民共和国行政诉讼法〉的决定》，正式确立了检察机关提起公益诉讼制度。同年7月，上海检察机关依法全面推开公益诉讼工作，制定有关实施方案及工作细则，还与华东政法大学合作成立了全国首家由检察机关和高校共建的"公益诉讼研究中心"，为公益理论研究及专业人才的培养搭建平台。汇聚公益保护合力，检察官在行动！

矢志不渝，这是一场力度与温度并存的改革。无论是检察人员分类管理及员额制的实施，还是检察官办案终身责任制的确立，抑或是检察公益诉讼的推行，都是触动到每一个检察人切身利益的锐气变革，是适应新形势下所必需作出的调整。跨行政区划检察院和检察官办公室的设立，更是开创性的机制创新，是构建新时代专业化检察队伍的大胆探索。改革的内容多而杂，改革的途中暗礁密布，改革的背后更是凝聚着所有践行者的勇气与信仰。信仰是一种品格，一种精神。它犹如黑夜里的一盏明灯，照亮了行进的路；犹如冬日里的一缕阳光，温暖着寒冷的心。检察改革之路漫长且曲折，需要所有检察人员，不忘最初的那份检察情怀，坚定中国特色社会主义的法治信仰，秉持着精益求精的检察工匠精神，一步一个脚印地奋勇前行。

"我是中华人民共和国检察官，我宣誓：忠于国家、忠于人民、忠于宪法和法律，忠实履行法律监督职责，恪守检察职业道德，维护公平正义，维护法制统一。"

亲历上海法律职业旋转门

——从高校教师到检察官的感悟

杨建峰[*]

美国法官基本上都出自杰出的律师，检察官与律师之间也可以相互流动，法律职业旋转门不仅促进了美国法律职业共同体的形成发展，对美国法治社会的成熟完善也发挥了重要的推动作用。长期以来，我国法律职业存在着体制内外之分，法官、检察官属于体制之内，律师属于体制之外，高校从事法律教学研究的学者则介于体制内外之间，虽然大都为事业编制，但相比于法官、检察官，拥有更多的工作自由度，也可以算是"准"体制外。由于体制内的准入门槛相对较高，法官、检察官辞职做律师、进高校的情况较为常见，律师、高校学者进入体制成为法官、检察官的则较为少见。体制之隔导致了不同法律职业群体间低频率、单向度的流动，也造成了法官、检察官、律师与学者之间难以对法律职业共同体理念形成充分认同，反而长期彼此缺乏了解与信任，甚至抱有偏见，无疑这一状况并不利于依法治国建设目标的实现。

自 2015 年起，上海在全国率先面向社会从律师与法学学者中公开遴选法官与检察官。我长期在高校从事法学教育研究工作，非常有幸在

---

[*] 杨建峰，上海市人民检察院三级高级检察官。

2017 年报名并经法官、检察官遴选委员会遴选成为一名三级高级检察官，在上海市人民检察院从事民事行政检察工作。从学者成为检察官，我深感这既是一项崇高的荣誉，也是一项沉重的责任。通过社会公开遴选制度这扇法律职业旋转门，让我对体制内外不同法律职业转换有了亲身体验与感悟。

在法治理性中感受到公平正义的温度。长期处于学术圈的高校法学学者大都胸怀法治理想，将法律认知为社会善治的理性工具，擅长于理论构建与逻辑推演，引经据典，比较东西，为勾画应然的法治社会疾呼指路，但公平正义往往只表现为冰冷抽象的法治价值符号。检察官作为司法实践者，则是在通过承办具体案件，践行维护社会公平正义的职责使命。我在办理民行法律监督案件与参与公益诉讼工作中，已经明显地感受到学者与检察官对公平正义问题思考上存在着显著差异，越来越深刻地体会到法治的实现不仅需要坚守法律理性与信仰，更需要寻求破解现实困境之道，既要善用法律智慧，也要善用政治智慧，不断推动法治建设前进；法律人研究适用法律的目的不仅要维护法律规则内在逻辑的统一与自洽，更要透过规则妥善调整复杂的社会关系本象，维护实质的公平正义。让人民群众在每一起案件中感受到公平正义的温度才应是所有法律人共同的法治理念与职业追求。

既要低头办案，也要仰望星空。以往我从事的教学研究工作主要集中在世界贸易组织法与国际知识产权保护领域，经常关注于国际或国家层面的"战略性"问题，为有关部门提供决策咨询。"高大上"的视野也造成了我对微观法律问题聚焦不足。检察官的基本工作模式则是埋头办案，每日都要花大量精力从证据与规则的细微处发现疑点，聚精会神分析论证，最终形成扎实的法律意见。然而，作为司法实践一线的检察官，我也深刻感受到我国正在经历前所未有的司法变革，就检察机关而言，不仅要继续夯实传统的法律监督职能，更要不断推动体制、机制创新，重塑检察权的内涵与外延，亟需以更为前瞻、宽广的视角探索研究检察改革发展所面临的新理论、新挑战，更好地承担起新时代发展赋予检察机关的新使命。基于此，我认为学者宽广的学术视野与检察官丰富的办案经验并非互不相通，而是完全可以互为启发，相得益彰。法律职业旋转门的作用不应仅仅是提供法律职业转换的机会，更应该在于能够促进不同职业领域法律视野与经验的交叉融合，从而产生"跨界促进创新"的司法改革倍增效果。

墙内开花墙外也要香。检察机关因为特殊的司法职能定位，相较于法院，社会知晓度总体较低，一直是带有"神秘色彩"的司法机关。在来检察机关工作之前，我的认识也是如此，对目前所从事的民事行政检察工作几乎是一无所知。在检察机关工作后，我充分感受到检察机关一直以服务保障社会发展大局为己任，通过充分履行法定职责，"默默"地为维护社会稳定与经济发展作出了巨大贡献。检察机关司法职能与工作成效理应被社会更为广泛地认知与支持。我现在经常利用外部的学术交流会议，向社会介绍检察机关民行办案职能与改革方向，尤其是宣传检察机关提起公益诉讼的工作，努力为社会与检察机关之间的交流合作贡献个人些许力量。我建议，法律职业旋转门的功能还可以进一步拓宽，让其成为体制内外信息流通的旋转门，通过旋转门让检察机关更精准地把握社会对检察司法服务的实际需求，也让社会更全面地关注检察事业，支持检察改革工作，形成合力，共同推进法治社会建设。

现在还经常有人问我，学校有令人羡慕的寒暑假，不用坐班，待遇也不错，你为什么要成为检察官。面对这样的问题，我也经常反思，我通过法律职业旋转门作出的再次"择业"是否正确？经过近一年的检察官工作，我心中已经形成了越来越清晰的判断：虽然我放弃了所谓"实惠"的时间自由，但法律职业理念"站位"获得了更大提升，能够有幸直接亲历司法改革实践工作，并通过个人工作为"依法治国"作出微薄贡献，无论在思想认识上还是职业价值上都收获了更为宝贵的"自由"。

40 年砥砺前行　40 年铸就辉煌

——时代芳华·上海律师业发展 40 年纪

李　旻[*]

上海律师业之于中国律师业中的地位，无异乎两个关键字：最早、最重要。若要理解上海律师业近四十年的发展历程，我们需要把记忆的年轮推回到一百多年前。

一、那一年、那一天

1912 年 9 月，民国政府司法部颁布了《律师暂行章程》，这是古老的中华大地上律师制度诞生的标志，律师有了最初的名分，由此成为中国律师业百年历史的开端；《律师暂行章程》将律师管理权归于政府，同时颁布了《律师登记暂行章程》。1912 年 12 月 8 日，中国近代历史上人数最多，影响最大的律师同业组织"上海律师公会"宣告成立。自诞生之日起，上海律师公会即把"匡扶正义、建立法治"作为奋斗目标，为推动中国社会的进步与发展留下了浓墨重彩的一笔。

1949 年上海解放后，上海即实行公设律师辩护制度，1956 年 3 月

---

* 李旻，上海市律师协会公共关系部主任。

成立上海市律师协会筹备处，1956年12月全市已设立6个法律顾问处。后由于历史原因，律师事业陷于停顿。

1978年，在党的十一届三中全会的阳光照耀下，上海律师业迎来了生机盎然的春天；1979年4月10日，上海市委组织部批复同意恢复建立上海市律师协会。这是上海律师业发展过程中的重要举措，也是上海律师行业自律发展的新起点。40年来，上海律师业的发展沐风栉雨，薪火相传，通过几代人的艰苦探索和不懈奋斗，谱写了律师事业恢复、重建、改革、发展的壮阔历程。

二、为有牺牲多壮志、敢叫日月换新天

只有经历过牺牲，才知道今天改革开放发展多么来之不易；只有经历过波折，才会迸发时不我待的奋发精神。一声惊雷，党的十一届三中全会让各行各业迎来了复苏的春雨。

1980年，第五届全国人民代表大会常务委员会第15次会议通过《律师暂行条例》，标志我国律师制度的全面恢复和重建。根据条例规定，当时的律师事务所称为"法律顾问处"，且均是由国家核拨编制和经费的事业单位，接受国家司法行政机关的组织领导和监督。

1984年，司法部发出通知，各地的"法律顾问处"相继改为"律师事务所"。

1988年，司法部发布了《关于下发〈合作制律师事务所试点方案〉的通知》，中国第一批被批准合作制试点的律师事务所开始登上历史舞台，由国办所为主的律师业态被打破，中国法律服务市场化开启。

1996年，我国第一部《律师法》出台，第18条明文规定可以设立

合伙制律所，合伙制律师事务所至此普遍确立。

2000年，国务院下发《国务院清理整顿经济鉴证类社会中介机构领导小组关于进一步明确经济鉴证类社会中介机构清理整顿范围的通知》，要求对于"社会中介行业，尤其是法律中介服务行业"进行"清理整顿"，并明确脱钩改制工作。所有的国办所脱钩改制为自收自支的律师事务所，律师也从此由国家法律工作者转变为社会法律工作者。

遥想近四十年前，1979年4月，上海甚至在恢复司法局之前，首先恢复成立了律师协会，这体现上海领导们对律师行业发展的关心和支持。而上海律师行业也没有辜负党和人民的期待，一代代上海律师，筚路蓝缕、砥砺前行，用自己不懈的努力，用自己昂扬向上的拼搏精神，不断书写着上海律师业发展的新高度。1979年，上海市只有2家法律顾问处、43名律师。40年后的今天，全市有律师事务所1573家，执业律师个人会员23200人，上海律师业务收入总数和人均业务收入连年稳居全国第一。2017年，上海律师办理各类诉讼案件约20.4万件，其中刑事诉讼案件3.2万件，民生诉讼案件16.5万件，行政诉讼案件0.7万件，各类非诉讼案件8.3万件，代理法律援助案件1.3万件，提供公益法律服务7.3万件（人次）。上海律师为上海经济社会的发展和社会稳定作出了杰出的贡献。

中国改革开放的40年，也是上海律师行业对内提升律师业务能力和水平，对外改善律师执业环境，服务国家大局，服务上海，服务百姓，服务民生，走向国际的40年。40年来，上海律师行业建立了完善的自律组织体系，律师代表大会、理事会、会长会议、秘书处，组织健全，职责明确。1981年，上海律师行业开始编辑并向全市律师免费发放《上海律师》月刊，使之成为业务研讨、信息交流、文化展示、业绩宣传的平台；1985年，编辑《律师业务资料》月刊，为全市律师及时地免费提供国家及地方新颁布的法律法规；1996年，建立国内第一家律师学院——上海律师学院，专门对申请执业实习人员和执业律师进行职业道德教育和业务培训；1999年，建立了国内第一个律师界的综合性门户网站——"东方律师网"；2001年实行律师代表大会代表常任制，将以往每三年召开一次的律师代表大会改为每年召开一次；2002年设立监事会，对理事会的工作实施监督；2008年设立区律师工作委员会，加强区级律师基础性自律工作。如今，上海已经成为境外律师事务所在国内设立代表处最多的城市，上海涌现了一大批在国外留学归来，懂外语，懂国际规则的青年律师，还有很多上海律师事务所走出国门在海外设立分所，为中国企业走出国门和国家"一带一路"倡议提供法律服务。

40年，弹指一挥间！上海律师业从呱呱坠地的婴儿走向了不惑之年，40年感触良多，40年风雨彩虹。我们迎着改革开放的春风，谱写了上海律师行业璀璨的篇章。

最后，自作词《咏上海律师业四十年》一首，以笔驻岁月芳华。

《咏上海律师业四十年》

风雨四十年，多少坎坷路。

莫道途中多艰苦，离别又重圆。

浦江两岸，岁月无痕处。

惊雷起，律政风云，又把辉煌铸就。

筚路蓝缕，风雨兼程，勇创辉煌

——记改革开放 40 年来的监狱工作

侯威卿[*]

2018 年是中国实行改革开放以来的第 40 年，这 40 年见证了中国从贫穷到小康，从落后到先进，从闭塞到包容的发展历程。

40 年，可以让蹒跚学步的幼儿成长为国之栋梁；40 年，可以使奔流的大河冲荡出广袤平原；40 年，也可以让我们看到昔日沉寂的共和国重获荣光。

俗话说，无规矩不成方圆。今天中国正在决胜全面建成小康社会的进程中，而实现中国梦的必由之路是全面推进依法治国。"四个全面"是改革开放以来的经验结晶，是中华民族复兴伟业的战略蓝图，是治国理政思想一份庄严的政治承诺，是一份强烈的历史担当，为的是让全国各族人民过上幸福生活，实现中华民族伟大复兴。

监狱在我国是国家的刑罚执行机关，担负着对罪犯教育改造的重任。然而监狱的叫法并非由来已久，而是改革开放之后才慢慢铺陈开来。我国的刑罚执行机关在建立之初，承担了对国民党战犯、反革命犯等人员的劳动改造任务。但随着时代的发展，社会的进步，刑法执行机

---

* 侯威卿，上海市周浦监狱科员。

关慢慢回归它本来的职责——教育和惩治触犯刑法之人，特别是改革开放以后，为了使国家的监管改造工作更加规范化、制度化、法制化，同时也为了更好地同国际接轨，按照国家司法部的统一要求，全国各地刑罚执行机关慢慢由劳改支队改称为监狱，完成了历史职责的转变。

一个名字反映了一个时代的特征。改革开放以后，所有这些名字的变化，体现了我们监狱事业的不断发展、进步，也体现了我们祖国经济的迅猛发展，现代文明程度的显著提高。

与此同时，长期以来，我国对罪犯实行的惩罚与改造主要是"阶级改造"，强调的是"以国家和政治为根本"，改造的性质是"社会主义改造"，"其目的是为了使罪犯认罪服法、认清形势和政策、认清前途、摆脱剥削阶段思想，特别是资产阶级思想，走社会主义道路，确立社会主义的道德和法制观念，成为建设社会主义的劳动者"。改革开放以来，随着以阶级斗争为纲的取消，阶级改造逐渐淡出，而人性化、人道主义、人文精神、人格改造、以人为本等一系列以"人"为核心的概念在中国监狱工作中越来越占主导地位，越来越成为指导罪犯改造实践的基本理念。自改革开放以来，全国各地监狱纷纷成立特殊学校，举办各类文化学习班和技术培训班，经考试考核，数以百万计的罪犯获得了各级文化毕业（结业）证和技术等级证书，许多罪犯在监狱这所特殊学校里变刑期为学期。同时，随着《监狱法》的颁布实施，国家确立了"惩罚与改造相结合，以改造人为宗旨"的监狱工作方针，并着眼于罪犯刑满释放后能够顺利回归社会，使其成为具有健康人格和谋生技能的守法公民。进入新世纪以来，司法部又提出了大力推进监狱工作法制化、科学化、社会化建设的新举措，在充分运用管理、教育和劳动改造三大传统手段的基础上，积极探索和开展了对罪犯的心理咨询、心理矫治、人文化管理、法律援助、劳动报酬、开放式监狱等措施，不断拓宽罪犯激励改造的新领域，进一步增强了对罪犯改造的针对性和有效性，并提倡科学认知罪犯、系统矫治罪犯。

新中国成立后的几十年时间内，我国的监狱一直按保密单位管理，监狱工作人员和罪犯的对外通信，相当长时间一直使用邮政信箱的编号，监狱虽有正式的行政名称，但对外却一直挂着农场或者企业的牌子，披上了一层神秘的面纱，人们充满了种种猜疑和遐想。由于监狱的外在特征一直是封闭的，壁垒森严的，甚至是令人望而生畏的，因此，社会公众对监狱工作的情况知之甚少，缺乏了解和认识。改革开放以来，特别是《监狱法》颁布以来，监狱撕开了这层神秘的面纱，开始以社会公共机构的面目逐渐融入了社会。人们注意到我国监狱自在形象与内在特点已经发生了变化，它变得开放、透明，且越来越社会化了。

近年来，监狱充分运动社会资源，积极建立多层次、全方位的社会帮教体系，营造社会化的改造环境，努力促进罪犯改造力量、改造手段、改造内容和监狱后勤保障的社会化，初步实现了监狱与社会的良性互动，社会公众也积极参与对罪犯的教育改造工作，一些包括由法律、教育、医学、社会学、心理学等领域的专业人士组成的社会志愿者队伍开始介入监狱工作，一些学校、企业、职业培训机构等主动融入监狱工作，为罪犯改造服务，监狱也组织部分服刑人员现身说法，一些监狱还积极探索开放式教育改造罪犯的新思路、新方法，开展了"恢复性司法"和社区矫正等工作，不仅加快了罪犯改造进程，也起到了警示社会、预防犯罪的作用。近年来监狱普遍实行了狱务公开、监狱长接待日等制度，向罪犯及其家属、各级人大和政府、新闻媒体等社会各界公开执法程序、执法依据、执法结果以及监督投诉方式，主动接受人民群众对监狱执法活动的监督。

40年沧桑巨变，40年风雨兼程。改革开放使祖国各地发生了翻天覆地的变化，也带给了监狱大发展、大进步。监狱的种种变迁，都体现了我们监狱工作的发展、壮大、繁荣，体现了我国监狱事业的不断发展进步。在新的历史时期，监狱工作依然面临着深化改革、不断创新、加快发展的历史重任。监狱狱政设施、监管安全措施、教育改造工作都会随着改革的步伐不断发展变化，而唯一不变的是广大监狱人民警察对党的监狱事业的无限忠诚，对监狱工作的无限热爱。他们依然保持着饱满的精神、昂扬的斗志，保持着艰苦奋斗、勇于奉献的优良作风，一如既往地用青春和热血默默地续写着昨日的辉煌！

智慧公安，为法治上海建设插上翅膀

王柯懿

"现在是下午三点十分，曹家渡派出所民警王小毛，警号005158，接武定路武宁南路路口报警人拨打110警情，现已到达现场，本次执法全程录音录像。"2017年刚入警的小王在处警现场，正对着新一代执法记录仪进行说明。出警路上，小王拿出PDA移动警务终端，输入"伤害类案件"的关键词，此类警情的执法流程与法律依据在屏幕上赫然呈现。通过规范的现场执法，小王和他的同事迅速制止了违法犯罪行为，有效控制现场。

在派出所执法办案区内，小王给嫌疑人戴上与其身份信息绑定的专属手环，会同同事利用语音识别系统对嫌疑人进行了讯问。离开办案区后，系统根据嫌疑人的手环活动轨迹自动生成办案区内所有执法活动的监控视频。

而执法监督的法制部门，此时只需在电脑前打开执法办案综合系统，就可对该案件的所有案卷材料与视音频进行检查。

以上看上去像电影大片中民警执法的三个场景，正是上海智慧公安建设应用在执法活动和执法监督的一个缩影，将在我们完成全市执法办

---

* 王柯懿，上海市公安局法制总队二支队二级警员。

案场所智能化改造与警务流程再造工作后得以实现。智慧公安充分利用大数据等先进科技，构建起面向公安实战的顶层信息化架构，从而形成了执法规范高效、业务有机协同、数据鲜活可视、信息高度共享的公安执法新格局。

40年沧海桑田，40年改革发展！时间若拨回到40年前，靠经验办案的老民警一定不会想到，有一天公安警务工作能够变得如此高效、规范、有序。而作为一名法制民警，我有幸见证了这一时刻并为之感到骄傲和自豪！

今天，中国特色社会主义法律体系已经形成，人民群众对民主、法治、公平、正义提出了更高的要求。如何让执法公信力与警民关系得到提升，让人民群众在每一起案件中感受到公平正义，是新时代公安机关的重要课题，也是习近平总书记对政法机关的殷切期盼。

40年来，上海公安法制以此为目标，借力科技，以锐意创新的勇气，蓬勃向上的朝气，全面深化改革，积极探索新时期执法信息化转型升级的必由之路。

"智慧公安"使警务发展进入"快车道"。我们利用人脸识别系统、带定位功能的智能手环、语音识别系统等技术装备，在全市全面进行办案区智能化改造，实现执法办案活动轨迹自动追踪、安全隐患及时预警、台账智能管理、数据互联互通等功能，执法效率大大提高。

"智慧公安"让民警执法更顺畅。我们通过制定切实可行的执法流程图，为现场执法提供指引，移动警务终端中实时搜索功能，让每一类警情的执法流程更快捷，让每一名民警在"智慧公安"中更有获得感。

"智慧公安"敲响了警民关系"和谐音"。我们依托执法办案综合信息系统的升级改造，形成全要素统筹、全过程监督的闭环式、可回溯执法管理模式，涉警投诉日益减少，群众满意度持续提升，警民关系进入良性循环的轨道。

"智慧公安"，为法治上海建设插上了翅膀！"路漫漫其修远兮，吾将上下而求索"，我们要做的还有很多很多……

40年风雨兼程，40年乘风破浪，公安队伍与共和国共成长。如今，上海公安站在了新的历史起点，承载着新的历史使命！如何对标上海市委市政府提出的建设"卓越全球城市"和"智慧城市"的发展愿景，在服务上海发展大局上有所作为？上海市副市长、市公安局局长龚道安给出了强有力的回答：依托"智慧公安"建设，推进城市治理能力现代化，全力打造上海公安现代警务机制"智慧版"。

把"智慧公安"作为新时代公安工作创新发展的大引擎，上海公安全体民警必将以崭新的姿态，以更坚定的勇气和担当，大力推进平安上海、法治上海建设，努力营造公平公正的法治环境，不忘初心，牢记使命，凝心聚力，为上海这座瞩目全球城市的发展作出新的更大的贡献。

但立直标，终无曲影

——致敬改革之路的"燃灯者"

孙晓昱[*]

在改革开放 40 周年之际，全面深化改革已经逐步走向更深的阶段，回望过去，在 2014 年 6 月 6 日，中央全面深化改革领导小组第三次会议审议通过了《上海市司法改革试点工作方案》，上海作为全国司法改革的领头羊，试点工作正式拉开帷幕。在全国率先试点法官员额制，在法官员额制顺利推广的今天，殊不知上海法院作为改革的破冰船，在前路之迷茫、之艰辛中开辟一条新路要面临数不清的艰难险阻，有无数党员先锋在改革之路中发挥了领导大局的作用，是他们的责任与精神汇聚成司法改革的强大支持。今天，我要介绍一位改革的领导先锋、为改革鞠躬尽瘁的好法官——邹碧华。

2014 年 12 月 10 日，因为突发心脏病，上海市高级人民法院副院长邹碧华同志经抢救无效，因公殉职。然而，邹碧华同志的先进事迹，敢当司法改革"燃灯者"的法治信仰却鼓舞着法律人，他的精神与信念永不凋零。作为上海法官的杰出代表，他既是上海法律人的骄傲，也是我们学习的楷模。党的十九大献礼的影片《邹碧华》，又让更多的人更清

* 孙晓昱，上海对外经贸大学学生。

晰更直观地了解到邹碧华同志的感人事迹，这也是习近平总书记批示学习、宣传、弘扬邹碧华精神的重要成果。我们纪念与缅怀邹碧华同志，而更重要的是将邹碧华同志的敬业精神传承下去，为更艰难的司法改革注入源源不断的信念支撑。

作为司法改革之路的"燃灯者"，前路艰难而又义无反顾，靠着的就是勇于担当的精神。司法改革不是简简单单的设计蓝图，而是改变现状去规划更完善的未来。而现状的改变又不得不涉及各种各样的利益冲突，不可否认现有的司法体制存在诸多错综复杂的利益格局，它们的形成不是一朝一夕就能改变的。去一步一步的改变它，靠的不仅仅是一个完美的规划蓝图，更是一种勇于担当不怕"背锅"的精神，有勇有谋才能担负起改革重任。为了实现员额制控制在 33% 的改革目标，邹碧华必须制定一个完美的方案，他说："当然是避免搞一刀切，不能为了图省事、求便利，就欺负年轻法官，将助理审判员就地卧倒转为法官助理，一定要有一个科学的考核标准，让真正胜任审判工作的优秀法官进入员额。"在邹碧华的表述中，我们没有看到任何的偏袒与不公，他将法律人的公平精神注入自己的工作之中，我们看到了一个有信仰的法律人和一个敬业的法律人。

法学是日新月异的社会科学，法律人必须具有孜孜不倦的学习精神。邹碧华是一位学者型法官，他将法官处理案件的实践经验与法学理论知识融会贯通，《要件审判九步法》就是其代表作，以"固定权利请求——确定权利请求基础规范——确定抗辩权基础规范——基础规范构成要件分析——诉讼主体的检索——争点整理——要件事实证明——事实认定——要件归入并作出裁判"这九步作为法官判案的思路，霍姆斯说："法律的生命不在于逻辑，而在于经验。"我不认同这个观点，逻辑是工具，经验是判断，更好地运用工具才能为判断提供更加清晰的思路，邹碧华的九步法，就是为法官提供更加清晰的思路，有了好的思路才能更好地解决问题。除了编写审判书籍，邹碧华还积极学习各种知识，他的朋友何帆法官曾经说过，邹碧华除了学习法律知识，更是阅读大量书籍，《大数据时代》《定位》等信息化和管理化的书籍都是他推荐给何帆的。面对不断进步变化的时代，研究未来趋势，掌握发展动向，法律人要开拓眼界，因为法学解决的是社会矛盾，社会的变化与我们息息相关。

法律人不是冷冰冰的，法律人要有一颗同理心。"燃灯者"不仅点亮了改革之路，更是点亮了人心。邹碧华一改法官给人带来的疏离感，我浏览了许多邹碧华的相片，目光坚定的同时带着一丝柔和，我想他的身上带着某种人格魅力，"法安天下，德润人心"，邹碧华将法治与德治的精神诠释得非常深刻。在长宁法院，邹碧华为每个法官分隔出独立的办案空间，在立案大厅，他也为当事人提供了独立的隔间。相对隐私的空间，让人们感到尊重，虽然这仅仅是一件小事，但正是这样的同理心，才会让邹碧华赢得大家的尊重。因此，在邹碧华22年的法律生涯中，无不体现这种同理心，在上海社保基金追回专项工作时，邹碧华指导相关法院公正高效地审理了近20起社保基金系列民事案件。在追索38亿元陷入僵局时，他提出先予执行的破解方案，为上海老百姓追回、保全了上百亿元。真正的法律人不仅仅要精通专业知识，在复杂的社会中保持着一颗赤子之心更是不易，邹碧华做到了，而让我们沉痛的是这样的好法官竟然离我们而去。

逝者已去，我们缅怀过去，又突然顿悟，在司法改革之路中其实还有无数的无名英雄。他们敬业又高尚，默默无闻，勤勤恳恳。当改革进入攻坚区、深水区，我们也需要这些为之付出的英雄，致敬英雄，树立信念，争当先锋，才会是改革希望之所在。引用《旧唐书》的"但立直标，终无曲影"。崇尚英雄才会诞生英雄，争做英雄才会英雄辈出。

改革，以人民为中心

史一峰[*]

改革即将迈入第 40 个年头，以人民为中心，让人民满意始终是我们的目标，法院工作更是如此。我名字中有个"一"字，回想在法院三十多年的工作经历，我能够清晰地感受到，改革开放以来发生的种种变化，给我留下深刻印象的，是几组数字。

第一个数字是 "1"

"1" 是一辆自行车。翻开记忆的相册，那应该是 1984 年，我刚进入法院后不久，就分到了一辆"公车"——凤凰 18 型自行车。那个年代办案，注重法官调查，就拿离婚案件来说，审理中需走访当事人所在单位、村委、邻居或亲友等，充分听取、了解各方对该婚姻的意见、想法。当时外出调查，自行车就成了主要的交通工具，但对刚学会骑车的我来说真是一个不小的挑战。直到现在我还清楚地记得，有一次下乡调查，天下着毛毛细雨，乡间小路泥泞不堪，一不小心我就连人带车掉进了河里，还好在前面的老庭长眼疾手快把我拉了上来。

---

[*] 史一峰，上海市浦东新区人民法院审判员。

就这样，像学骑自行车一样，我跌跌撞撞走上了法官之路。也许是性格使然，我骨子里比较内向，又不善言辞，每次接触当事人，心里总是比较紧张，不知道怎么去开展工作。记得当时的庭长曾多次跟我说，民事法官的工作作风还是要"泼一点"，不然镇不住当事人的。30多年过去了，社会在变革，我还是当初的那个我，可能还是没有达到老庭长期望的"泼"，但庆幸的是我通过自己的工作方法，让自己变得坚强、成熟，让当事人感受到法律的温度。

以人民为中心，就是始终如一，守护好自己的初心。

第二个数字是"100"

这是我的存案数量。那应该是2003年至2005年间。2000年后，浦东开发开放如火如荼，涉外纠纷也进入井喷期，2003年，浦东新区人民法院受理的涉外民商事案件全部纳入民三庭审理，我因此调入民三庭，负责审理我院受理的绝大部分涉外民事案件。这类案件类型多、程序复杂、关注度高，最多的时候我的存案可以达到100多件。回想那时，孩子尚小，需要花时间、精力陪伴和教育，信息化远没有现在这么发达，也没有法官助理做帮手，压力可想而知。涉外案件按规定必须普通程序审理，白天除自己案件开庭、调解、联系当事人外，还需参加其他法官案件的合议庭，经常只能在安排好家务、安顿好孩子，到了夜深人静之时撰写判决书。与其他许多法官一样我也曾因案件彻夜难眠或睡梦中都是案件如何处理、审限何时到期，体验那种焦虑、烦躁和身心俱疲。

纵是如此，我仍然用心对待每个当事人，认真办好每个案件。现在回想起来，要使案件经得起历史检验，最基本的就是四个字：公正司法。无论实体、程序，还是作风态度，都要做到公平公正。

以人民为中心，就是要公正，百分之百的公正，公正是司法的生命线。

第三个数字是"3117"

这是我 2017 年的结案量。2005 年，我被调到了全市第一家速裁庭，之后又到了全市第一家诉调对接中心，开始审理起所谓的家长里短、一地鸡毛的婚姻家庭类案件。每年审理这么多案子，意味着每天至少安排三四件开庭、调解，中午错过饭点，下午过了下班时间，这都是常有的事。但我还是心无杂念，秉持自己一贯的"行事莫问前程，但求问心无愧"的本心，对老百姓负责，把案件办好，并且尽力将纠纷多化解一些，这样就能为其他部门的法官减轻办案压力。或许有人会问，每天如此忙碌累不累，我的回答是忙而不累。每天拖着疲惫的身体回家，一路回味着案件的审理情况，心里是满满的幸福感和成就感，并油然而生出一种使命感。近几年听到最多的一句就是"谢谢您史法官，很幸运遇到您"，身为一名法官，如此这般又何尝不是一种幸运。

我是众多优秀"浦法人"中平凡的一员，我只是把我最基本的职责做好，但组织给了我很多荣誉，如全国法院办案标兵、全国优秀法官等荣誉称号，现在浦东法院又以我的名字命名了指导调解工作室和审判团队。荣誉就是责任，我会努力做好调解员的指导培训工作，让纠纷能够更及时快速多元化解，为平安浦东贡献力量；我也会努力带好我的团队，让大家忙而不累，为法治浦东贡献力量。

以人民为中心，即使有一千斤的担子也要努力担好，因为我是党员，我是法官。

在审判一线三十余年，我还是那个平凡又单纯的"一"，择一事，终一生，在我心中，人民永远是那个"一"。

精彩司法行政 40 年　出彩司法行政几代人

王　炯[*]

2018 年是改革开放 40 周年，虽然没有经历我们司法行政系统整个 40 年的改革发展，但我也感受到这么多年我们系统发展变化的日新月异。我目前主要从事宣传教育工作，我很感谢现在这个岗位，因为通过这个岗位，这些年我认识了我们系统很多优秀的人物。可以说，40 年上海司法行政系统的改革发展是由千千万万的上海司法行政人努力实现的。

他，叫王斌，上海新收犯监狱一名普通的民警，他的另一个身份是上海司法行政系统首批援疆民警，记得刚去新疆后的不久，他在电话里跟我习惯性地吐槽了喀什的烈日、风沙和饮水后，还说到据他们内部通报反映，一批极端恐怖分子准备暗杀几个援疆民警来恐吓，这话我现在听起来依然很后怕……万里赴戎机，关山度若飞，无数次，他和他的援疆兄弟们一起带队出工，把自己的生命安全寄托在彼此身上，无数次，他们在深夜用电话表达对家人的思念和牵挂。一年多来，由监狱和戒毒系统民警组成的援疆民警已经先后三批前赴后继地为新疆的安全稳定贡献着力量，用奉献和坚守表达了铁血和当担。同样，这份付出和努力也

* 王炯，上海市司法局宣传教育处副主任科员。

属于我们全市 8482 名监狱、戒毒人民警察。

他，叫冯斌，徐汇区司法局华泾司法所所长，有人说，群众工作很难做，基层群众工作更难做，但他在司法所工作中坚持访民情，解民忧，顺民意，赢民心，坚持为百姓办实事，解难事，做好事，如一条清流，又如一股热泉，流淌在华泾的土地上。而在全市其他 221 家司法所，也同样流淌着 1018 个像冯斌一样的清流和热泉的司法所工作人员。

她，叫罗一静，一名普通的女律师，她说，以前在每天的午后，她会以一杯现磨的卡布奇诺，一张旖旎的小野丽莎唱片和一本百看不厌的《百年孤独》慵懒地度过暖阳斜照的午后时光。但从 2014 年起，这就成了她遥远的回忆，如今，她远在广西一个小渔村从事法律援助志愿者行动，除了生活条件的艰苦，她还要面对恶劣的台风、暴雨和当地严重匮乏的法律服务，而她做的这一切又都是公益的。从"卡布奇诺"到"萝卜咸菜"，一年又一年，她一次又一次主动延长了自己的服务期，在偏僻的大西南书写不一样的"芳华"。而撒播公共法律服务的"温度"，感受"被需要"的幸福，同样属于我们全市 22000 多名律师。

她，叫王立夏，7 年前，从一名外企白领变成了杨浦区一名普通的调解员，她在调解工作中既是"女汉子"，更是"女金刚"，吃过很多苦，受了很多委屈，可始终初心不改，情怀不变。她用汗水诠释什么叫做信念，一步一个脚印，用行动论证什么才是追求自我；她用事实不断证明不断挑战自我才是改变自我的开始，信念与勇气并存。我想，这才是年轻人真正的模样。同样，这份信念与勇气，这份模样，属于全市 27191 名调解员。

我们司法行政系统的优秀的人物和事迹还有很多，像"铁肩担道义"的公证员，像"火眼金睛"的司法鉴定人，像"身在兵位，胸为将谋"的综合类司法行政工作者等，不一一举例。在我心中，他们和前面的那些群体一样，无论是监狱戒毒民警还是基层司法所工作人员，无论是律师还是调解员，这是我们的名片，是我们的骄傲，是我们的"王者荣耀"。他们带给我们的，带给我们系统的，不光有感动，有力量，还有40年司法行政改革发展的见证和温度。

其实写这篇文章不仅是介绍我们的队伍，帮他们点赞，更重要的是让读者对他们了解多些、再多些，对我们司法行政系统的爱也深些、再深些。司法行政改革的继续前进，工作中的风采和精彩，属于他们，也属于我们，属于你，属于我，属于身边的你我他。

殚精芳华六十载　初心依旧笑春风

吕嘉颖 *

花，歌颂东风遍海涯。春永在，亿载斗芳华……

60 年甲子，岁月兴替，花谢花开，纵有青春易去人易老，但若是初心如故，岁月无处不芳华！坐落在上海市佘山脚下的上海市女子强制隔离戒毒所的女民警就是这样一个在时代的浪潮中历经考验、过尽千帆，却初心不改，永葆本色的队伍。

她们，在田垄阡陌里，脚踏泥泞，迈开坚毅的步伐，深深地烙下了忠诚的足迹；

她们，在厚重高墙内，坚守付出，挽救迷失的灵魂，默默地燃烧着自己的青春；

她们，在时代进程中，迎难而上，勇立改革的潮头，无私地奉献着智慧与力量；

她们，在党的引领下，不忘初心，点亮梦想的明灯，炙热地照耀着前进的方向。

60 年来，百折不挠的"女所"人终以"忠诚、奉献、团结、凝聚、坚韧、争优"的 12 字精神，演绎了自己的时代变迁，见证了上海司法

---

* 吕嘉颖，上海市戒毒局政治处主任科员。

行政改革，更在上海改革开放 40 年的画卷中留下了自己的一抹色彩，为平安社会、法治社会、和谐社会的进程，贡献上海经验。

梦起白茅岭

1958 年，是第一批"女所"人创业奋斗的一年。她们怀揣着满腔热血和对事业的无限忠诚，在皖南白茅岭枫树岭那一无所有的山坳坳里，创立起了一支女劳教中队来。没有现成的生活设施，她们就用自己的双手垒砖砌土；没有通行的道路，她们就用双脚在烂泥地里蹚出一条新路；没有热菜热饭，她们抓起两个馒头就能果腹充饥。几年之后，大自然终于被"女所"人的执著与勇敢所征服，数个女劳教分队在一片片青山绿树间建立起来了，而她们也向自己，向父辈，更向党和人民交出了第一份答卷。

可历史的前行从来不会一帆风顺，"文革"过后场所秩序混乱，各类违纪逃跑成风。于是，丁幸纯、秦桂香、陈绍英、金小林、陈丽华、杨凤英、谭向明等老一辈们，雷霆出击，全面治乱。她们调整干部、建章立制、整风肃纪、教育谈话，磨破了嘴皮，踏穿了布鞋，每天在"田间地头—办公室—劳教宿舍"这条直线上一干就是 12 个小时，几乎付出了她们所有的心血和精力，面对这极度无序的烂摊子，她们心里清楚，自己没有任何退路，只有豁出去干！终于在她们工作热情的强烈感召下，实现了场所持续一年无逃跑、无事故的良好记录，中队的气象焕然一新。

1984 年 1 月，女劳教中队升格为女劳教大队，全体民警也在首任大队长丁幸纯的带领下，开始了劳教工作的新一轮大发展，白天她们背水壶戴草帽，晚间收工就组织人员学习，常常是雨天一身泥、晴天一身汗。眼看倾注自己青春与汗水的劳教工作越走越顺，越走越成熟，女队民警的信心更足了，干劲也更高了，可说起对家人的照顾她们却是惭愧的。干警丽丽有一个年幼的孩子，由于当时的民警们每周只能回家一次，所以孩子长期无人照看，只能托给别人。有一年寒假孩子来单位看望丽丽，丽丽想给孩子换双鞋，可那鞋怎么也脱不下来，痛得孩子哇哇大哭，当不明就里的丽丽拽下鞋子一看究竟时，才发现孩子的两只脚上长满了冻疮，又红又肿，有的地方还透出了血迹，此刻丽丽再也止不住内心的酸楚，大颗大颗的眼泪直往下掉，一时间孩子哭，她也哭，当时包括丁幸纯所长在内的很多女干部也都在哭，孩子哭的是脚痛，而女干部们哭的则是作为一名母亲特别是一名警察母亲的无奈、自责与痛心。也许这就是时代给女干部的又一重心灵上的淬炼和考验吧，让她们更懂得小家与大家，儿女情长与肩头重任之间的割舍与选择。当然事实也再一次证明了，"女所"人无论是作为个体，还是集体，无论在什么时候都经得住这种考验，担得起重托。

时代的考验

告别故土，迁址上海。1991 年 4 月，崭新的女劳教所在上海的青东地区成立。但是来沪创业并不意味着一帆风顺，而是白手起家，从头再来。没有教室，我们就把劳教人员的饭堂和活动室当课堂；没有教材，我们就想办法到处借阅；没有教师，我们就人人兼课。就这样，大家团结一心，克服困难，49 名民警愣是办起了一座像模像样的青苑文化技术学校。随着 1994 年第一批戒毒劳教人员的入所，我们也翻开了戒毒工作的新篇章。有针对性地将"四个学会""三力戒毒教育""快乐教育""国学教育""心理健康教育"等纳入课堂化教学内容中，并开创性地实行所外试工，提高戒毒人员的社会适应和生存能力。时光荏苒，岁月如梭，迄今我所的戒毒工作已走过 23 个年头，23 年间，数以千计的成功戒毒学员，回归社会、融入社会，有的组建了美满的家庭，养育了可爱的宝宝；有的从事着喜欢的工作，找到了内心的安宁；其中更有不少像叶雄、顾瑛这样的人成为了禁毒志愿者、禁毒社工，建立了自己的禁毒热线和工作室，去帮助更多的人成功戒毒。

转眼，时间跨入 2010 年，此时，作为已经奉上大半辈子青春、热血和忠诚的老一辈"女所"人还在继续拼搏。那是一个深夜，忙碌了一天的医务民警戈素敏刚刚躺下，就被一阵急促的电话铃声惊得从床上跳了起来，"戈医生，快！快！二大队的王某快不行了！"戈素敏撂下电话，就一路奔跑至二大队，只见王某突发急性支气管哮喘，呼吸衰竭，全身皮肤因缺氧已经开始发紫，奄奄一息、命悬一线，于是戈素敏毫不犹豫地扒开她的嘴，立刻口对口作起了人工呼吸！这是何等的勇气和果敢，要知道，吸毒人员往往是性病、乙肝等传染病的高发人群，一不留神，就可能会被传染，可戈素敏还是没有任何犹豫、没有任何耽误！这不是老一辈人的敬业奉献，不是她们对事业的矢志不渝又是什么？这是一支燃烧了半生却愈发明亮的红烛，在为后人照亮前路，是老一辈"女所"人用自己的行动在为后人树立的榜样。2018 年 11 月戈素敏同志已经光荣退休了，但她却将自己赤诚的忠心，无私的爱心和不变的初心永远地留在了女所，留给了新一代"女所"人。

改革再出发

伴随着上海城市的发展，沐浴着司法体制改革的春风，"女所"于

2014年6月正式更名为"上海市女子强制隔离戒毒所",从此也驶入了一个全速发展的"快车道"。戒毒工作转型升级信息化建设是关键,这时"女所"的"半边天"、我们的男警官冲在了前面,挑起了时代的大梁,他们以自己的专业特长,技术专长打响了"女所"信息化建设的第一枪——指挥中心三级警戒架构建设。任杰是"女所"信息技术科科长,他常常以"信息化建设舍我其谁"的架势自居,他跑遍了沪上所有的"BAT""拜师";"BAT"也就是百度、腾讯、阿里巴巴,国内顶尖的三家互联网企业;他访遍兄弟单位不厌其烦地取经解惑,足迹跨越江浙皖;他硬是顶着时间少、经验少、人员少,堪比"小米加步枪"的条件,在全所各条线各部门紧密配合下,在短短一年多的时间里搭起了指挥中心、分控平台、现场管控点三级警戒架构的整体框架,有效利用多方资源完成了"一大平台、三大系统、十八项子系统"的开发应用,凭借"大、云、平、移"的技术给三级警戒架构注入鲜活的"血液",使整套场所警戒机制有序运转、卓显成效。而任杰只是此次众多迎接戒毒工作信息化、现代化、专业化改革大潮的"女所"人中的一员,面对这前无古人的新创建,技术领域的新突破,从白茅岭农场一路走来的"传统"但也"日新"的"女所"人没有畏惧,而是以第一个"吃螃蟹"的魄力,勇当戒毒工作改革的排头兵和先行者,先后参加了戒毒局三级警戒架构、诊断评估机制、期段式戒治体系、培训分中心建设等多项试点工作;打造了集教学、习艺、生活、康复为一体的"四区四中心"戒毒功能布局,一个崭新,现代,科学,专业的女子强制隔离戒毒所,在佘山脚下熠熠生辉。

数十载艰辛,雕琢成画,数十年光辉,浓缩成诗。截至2017年7月21日,上海市女子强制隔离戒毒所已累计实现34年场所持续安全稳定，她们正朝着 35 年安全稳定的目标迈进！这是几代"女所"人 12000多个日日夜夜枕戈待旦的历史印迹，这是几代"女所"人用行动践行的初心和使命。在这司法行政改革风云际会的六十载里，"女所"人用自己特有的方式告慰着青春，谱绘着芳华，留下了一段又一段感人的故事，精彩的瞬间。面对前路，她们也终将秉持初心，继续前行，在滚滚而来的改革浪潮中再创新高度。

用忠诚与担当争当法治公安建设的排头兵

齐美胜 *

《荀子·君道篇》有云："法者，治之端也。"法治是国家发展的重要保障，是治国理政的基本方式。党的十八大以来，以习近平同志为核心的党中央从坚持和发展中国特色社会主义全局的高度，对全面推进依法治国作出战略部署。习近平总书记在党的十九大报告强调要"建设法治政府，推进依法行政，严格规范公正文明执法"。公安机关作为具有行政执法和刑事司法双重属性的执法机关，性质特点决定其在全面推进依法治国中肩负"发挥生力军作用"的责任担当和光荣使命，公安工作法治化水平在一定程度上体现国家法治文明和法治中国建设水平。

终日乾乾，与时偕行。纵观改革开放特别是党的十八大以来法治上海建设历程，上海公安机关牢固树立"四个意识"，坚持以法治为牵引、以改革为动力，围绕争当全国法治公安建设排头兵目标，自觉适应深化依法治国实践新形势，主动紧跟以审判为中心的诉讼制度改革步伐，牢牢把握严格规范公正文明的执法要求，执法规范化建设取得显著成效，在全国公安机关实现"率先达标"，公安工作法治化水平和公安机关公信力不断提升，经受世博会、亚信峰会、G20峰会等重大安保任务的考

* 齐美胜，上海市公安局研究室干部。

验，队伍良好执法形象得到社会普遍认可，公众安全感、公安工作满意度综合评测指数近 5 年连续实现"双提升"，平安上海建设成果丰硕，上海成为刑事案件和火灾等公共安全事故发生率最低、当下中外公认最有安全感的城市之一。

法是治国安邦的圭臬和重器。上海城市长期保持安全稳定的背后，是一代又一代上海公安人的砥砺前行和深耕细作。作为超大城市，上海城市要素高度密集，公共安全领域面临巨大的风险挑战：全市中心城区面积仅 660 平方公里，但集中实有人口近 1300 万；24 米以上高层建筑 3.6 万栋，居全球城市之最；机动车 600 余万辆，人均拥有道路长度不足 0.8 米；轨道交通运营里程 673 公里，日均客流 1100 万人次；危险货物作业码头 74 个，危险货物年均吞吐量约 5640 万吨……如何守住安全底线始终是上海公安人殚精竭虑的重大课题。作为行政执法者和城市管理者，上海公安机关始终不忘初心，牢记使命，把法治公安建设、推动依法治市作为应对与日俱增风险挑战、实现城市安全治理精细化的基本经验，坚持以超大城市执法管理需求为导向，以执法规范化建设为载体，以提升依法履职能力为牵引，更加注重发挥法治的引领和规范作用，充分运用法治思维、法治方式解决问题、推动工作，最大限度凝聚全社会广泛参与城市安全治理的价值共识，争当法治上海建设的推动者、保障者和平安上海建设的主力军、排头兵。

"天下之事，不难于立法，而难于法之必行。"法律的生命在于实施，法治公安建设的重点和难点也在于实施。针对城市治理痛点难点堵点，上海公安机关牢固树立"良好的秩序是依法严管出来的"理念，以有法必依、执法必严、违法必究的决心和意志，持续释放严管严控的强烈信号，全力营造自觉遵法守法的良好社会氛围：坚持以人民群众安全需求为导向，深化"三张网"建设，保持对各类违法犯罪严打高压态势，实现暴恐袭击"零发案"和近 3 年命案全破，牵头创建市反电信网络诈骗中心，电信网络诈骗案接报数、涉案金额大幅度下降；聚焦公共安全风险隐患，融入"五违四必"区域环境综合整治，综合运用消防、治安等执法资源手段，实现对安全隐患和治安乱象的源头治理；积极推动条例修订，在全市组织开展烟花爆竹安全管控和道路交通违法行为大整治，持之以恒地立法律规矩、正尊法风气，烟花爆竹安全管控连续 3 年实现全市禁放区域"零燃放"，为各项工作树立了新标杆，全市道路交通秩序明显改善，为中国特色的特大城市道路交通管理积累了经验。

志士惜日短，勇者常为新。法治公安建设历程也是上海公安人一次次经受洗礼的成长历程。面对民主法治建设对公安执法提出的新要求，尤其是人民群众对公平、公正、公开期望值越来越高的新情况，上海公安机关以全面深化公安改革为契机，以刀刃向内、自我革命的勇气，强化制度建设和监督责任，以公开促公正，以透明倒逼规范，深化"阳光警务"建设，率先建成三级"阳光警务"大厅群；在全国省级公安机关首批成立案件管理部门，努力做到有案必受、受案必核、立案必查；严格落实执法办案责任，完善执法过错责任追究等制度，努力把执法权力关进制度的笼子。"法律是公正与善良的艺术。"在这场深刻的改革进程中，经过多年积累塑造，法治公安建设令人如沐春风，人民群众在每一次执法活动中感受公平正义，民主法治、文明诚信的社会氛围得到不断厚植；执法者在每一次执法活动中经受锤炼与洗礼，队伍依法履职能力、人文素养得到全面提升，忠诚、敬业、担当、专业成为一代代上海公安人整体素质的特质与名片。

百舸争流，奋楫者先。拥抱新时代、践行新思想，必须展现新形象、新作为。对标新时代人民对美好生活的向往，2017年以来，上海公安机关认真践行"对党忠诚、服务人民、执法公正、纪律严明"总要求，以再出发的信心和从容，满怀激情投入法治建设的洪流之中，集全警之智全面实施智慧公安战略，全力提升公安工作信息化、智能化、现代化水平，努力探索超大城市治理"上海方案"。新时代，法治上海建设必将谱写新篇章，法治公安建设也将踏上新征程，执法活动更规范、更高效、更集约，城市会更有序、更安全、更干净，人民群众会更有获得感、幸福感、安全感！

那些亲历改革的法院人

李冰雪 *

1978 年到 2018 年，改革开放历经了 40 年，40 年的时光，听起来漫长又久远；40 年的变革，回顾起来恢弘又深刻；作为亲历改革的法院人，我常常在思索，改革于我们而言，又意味着什么？

随司法改革大潮，上海知产法院应运而生，成立 3 年多，改革对她意味着新生。三载年华，足以使幼苗长成大树，幼儿从呱呱坠地到牙牙学语，三载秋冬与春夏的更迭，一千多个日日夜夜，上海知产法院作为司法改革的新生事物，在全国法院司法改革的大潮中，她或许稍显稚嫩，但并不柔弱，与其他法院一起勇立潮头，迎接巨浪的冲击与考验。

改革于我们而言，意味着什么，上海知产法院的老中青三位法官给出了他们自己的回答。

"我改革开放之初到法院工作，改革对我意味着严格和坚持"，陈惠珍法官这样告诉我。时光倒回，记得刚到庭里报到，与陈法官初见，她跟我探讨的第一个问题是，在新商标法司法解释出台后，你如何理解法院关于商标近似或者相同的认定的变化？我回答之后，又是一系列的追问，半个小时的时间让我觉得是那样的漫长，出来之后，在充满冷

---

* 李冰雪，上海知识产权法院科员。

气的空调房中，我发现，自己的后背和手心里全是汗。有一次庭长叫我写一篇文稿，我写好之后拿给她，自己觉得写得还挺好的，她把文稿还给我之后，我惊呆了，文稿上密密麻麻全是圈出来应该改的地方，一千字左右的文稿来来回回改了四次。后来小伙伴跟我说，他们的每一篇文稿，庭长都会认真的看，仔细推敲每一个地方，每篇文章都会经过很多次的修改。她每天都是第一个到办公室，最后一个离开，庭里的疑难复杂案件，她总第一个挺身而出，"身先士卒"。很多次，周末她都来院里默默地加班，每次开会她都会拿个小本子，详细记录。她的文稿都是手写稿，有时候几十页的文稿，在帮她整理的时候，我都能想象她趴在桌子旁一笔一划认真写字的模样。后来她被评为全国审判业务专家，开了自己的法官工作室，作为铿锵玫瑰为司法改革增添了一抹亮色。

"我改革开放20年到法院工作，改革对我意味着担当与无悔"，何渊法官这样告诉我。提起何老师，他永远是阳光开朗的，虽然他作为审判长审判压力很重，几乎每天都有开庭，但是不妨碍他作为我们庭的开心果，哪里都有他标志性的哈哈大笑。何老师享受庭审，在庭审过程中，每一次当庭发问，每一次为当事人释疑，他说话掷地有声、铿锵有力；在判决书生成之时，他反复校对，亲自从开头念到结尾，从不假手于人。每每庭里有重活，第一个站出来的是他，任劳任怨的是他，无怨无悔的也是他。后来何老师的父亲重病，他从来没推脱过任何工作，医院、家里、法院三头跑，我无法想象一边是亲人重病住院化疗，一边是繁重的审判压力，他如何度过，只看得到，在那段时间，他的笑容变少了，人也瘦了很多。从2000年至今，他作为主审法官和审判长审理案件2894件，近3000件案件审理兢兢业业，我想这是他对司法改革交出的办案答卷，也是他对无愧不悔的最好诠释。

"我从08年到法院工作，改革对我意味着历练和成长"，凌宗亮法官这样告诉我。凌老师是我的带教法官，他言传身教，用极大的耐心教给我做人做事的道理，容忍我在工作上一次又一次的犯错。他虽然入额不久，但我可以明显感觉到他一直在前行和进步，驾驭庭审能力在一点点变强，处理案件越来越娴熟。在审理一件小摊贩的商标侵权案件时，他做了大量的调解工作，最终免除了小摊贩的赔偿责任，他还主动告知当事人，可以将诉请变更，只收25元诉讼费，当事人特别感激，我看到了他身上悲天悯人的情怀，在法律规定的范围内，对弱者的同情与悲悯，我想是法官必不可少的素质。在写作方面他给我的指导和鼓励更不必说，与优秀的人一起共事，自己也会学习到很多很多。后来他被评为上海法院十佳青年，用行动诠释了青年法官奋进的姿态。

一代又一代老中青法院人见证了改革开放，亲历了司法改革。他们有的已经白发苍苍，将要离开；有的伫立已久，初心不改；有的年轻气盛、博晓中外。

他们用自己的点滴成就汇聚成江河，撑起司法改革的艨艟巨舰；他们用自己的躯干凝聚坚强脊梁，挺起司法改革的猎猎大纛；他们用自己的勤劳双手铸成巨擘，书写司法改革的恢宏篇章。这就是他们，立足本职，钻研业务；这就是他们，关心年轻同事的成长发展，耐心教导；这就是他们，无私将自己的青春年华奉献给了自己所钟爱的审判事业。这一代代法院人，他们不仅仅是他们，更是你，是我，是我们每一个人，共同缔造了平凡而伟大的上海法院精神。

习近平总书记说过"政法战线要肩扛公平公正，手持正义之剑，以实际行动维护社会公平正义"，作为亲历改革的法院人，我们总要留下些什么，铭记些什么。改革对我们而言意味着什么，我想已经不需要回答，每个人心中都有自己的答案。

40年的金融法律体系走过什么样的弯路？

刘屹钦[*]

今天我站在这里，也来讲讲改革开放以来我国金融法律体系的变革。但我只是个乳臭未干的毛头小子，才20岁，接触法律不到2年，一切都在懵懂之中，浩瀚的法学书海还需要我不断地去遨游。

不过，我还是要讲讲改革开放40年以来我们的金融法律体系如何从无到有、逐渐成型的过程。也巧，我的爷爷退休前是上海某银行支行的行长，曾从事过多年的信贷工作。他经历了金融界从无序到有序、从改革开放前"无序发展"，到"有法可依"，再到今天"依法治国"的巨变。

听我爷爷说，改革开放以前的那个年代，那时候的银行制度被废除，业务活动无法正常开展，金融成了可有可无的东西，和金融配套的法律缺席了那个时代，被边缘化，无人问津，也无需问津。

时间就这样流淌着，终于时针指到1978年的改革开放。一个新的时代开始了，经济开始复苏，人民生活水平开始提高，资金变得灵活起来，可问题也随之出现——我们缺少金融领域的法律规制。市场迅速打开之后，由于缺乏法律的保护，金融业出现的最显著的问题就是，坏账

---

* 刘屹钦，上海立信会计金融学院法学院学生。

率直线上升。

我爷爷说，当时的坏账问题不算相当严重，因为一开始在市场上活跃的都是国企。眼看坏账率一直上升，漏洞越来越大，怎么办？这时与金融相关的法律仍然没有登场，解决方法是成立一个坏账资产公司用以催收欠款，把所有不良贷款打包，一并处理。

不过有的国企实在还不出钱，那时银行的态度是，那就算了，让人不可思议吧？那时候又没有什么"黑名单"制度，也没有什么征信机制，但确实是当时的情况，竟然没有法律规制和约束他们。

不过那次催收工作完成之后，国家大大加强了坏账问题的把控。而一系列法律从20世纪90年代开始相继出台，比如《中国人民银行法》《商业银行法》《公司法》《证券法》等。可光有法律是没有用的，各个领域的人法律意识淡薄，无论是遵守还是执行，都不尽如人意，我爷爷讲了一个小故事：

那还是20世纪90年代中期的时候，我爷爷参加过一个会议，会上讨论当时金融领域发生的一个案例，事情是这样的：

一个商人在上海郊区做生意，一开始一切都很顺利，无论是身体还是事业，都很棒。他和一个银行行长也是经常谈生意，关系不错，借贷还贷都没出问题。

可是天有不测风云，有一天他突然发现自己得了癌症，这下好了，钱还在呢，人要没了。于是乎他萌生出最后疯狂一把的想法，他向那个银行行长贷了数十万元的贷款，那时大概是1993或者1994年吧，是一个买一套房也就二三万元的年代，这可是笔巨款！

这笔钱的用途是什么？这个商人当然没有把它投入做生意的资金流通里，而是回到自己的老家，给自己买了一座坟墓，又请村里的家家户户吃了个饭，之后不久，他就住进了花费几十万元的新家里了。

没过多久，这个商人就死了。他是一走了之，但那个行长就惨了，被刑事责任，最后被判了渎职罪，蹲了 3 年监狱。

那么这件事带来的是什么样的影响呢，就是之后没有银行敢贷款给别人了。当时银行圈内有一句话，银行的每一笔贷款都可能成为行长进监狱之门的钥匙，而放出去的许多贷款事后都很难得知其用途，更不要说事先了。

后来法院说只要不是有骗取贷款的合谋，在银行不知情或不可能知道的情况下，一般不会追究银行方面的责任。

但这并不能解决银行的坏账问题，再后来，法律和银行的制度又得到了进一步的完善，担保人、质押、抵押都开始得到运用，这种用物权来担保债权的方法以及法律约束体系的变革使得银行的坏账率有了显著的改善。

我爷爷说，在过去 40 年里，我国金融法律体系从无到有，到现在逐渐成型，老人家亲眼见证了我国社会特别是金融界对法律越来越强的依赖。他平时总是和我说以前人好啊，朴实，信贷，信贷，信用是银行贷款活动的通行证。现在改革开放了，老百姓日子过得越来越好，人们从事的金融交易也开始多元化，比如 P2P 网贷，再比如移动支付，等等，金融生态和 40 年前相比，发生了天翻地覆的变化，但是不规矩的人相对也多了，我们听到的，不是"被调查"，就是"在跑路"，让人防不胜防，这时候就开始显示法律的重要性了。

我爷爷鼓励我学习经济法，希望我学有所成，报效国家。作为做过多年的老行长，他深知金融交易活动如果法律不到位，会给一个国家、一个社会、一个家庭带来什么样的破坏性影响。法律永远是金融活动的

"守夜人"！

在这里，我只想说，法律人迎来了春天，迎来了未来，而作为新时代的法律人，我们是幸运的，时代不曾辜负过我们，我们也誓将无愧于这个时代！

立法扬帆，实践搏浪

——观改革开放 40 年上海监护制度的司法变革与突破

刘亦艾 *

若不曾蒙住双眼，你不会看不见浦东高楼迭起中经济的腾飞。

若不曾封闭双耳，你不会听不见天宫蛟龙相会时科技的怒吼。

从 1978 年到 2018 年，从计划排他到市场更佳。改革开放的这 40 年，正如一个人成长的 40 年——面对抉择，有过犹豫，有过彷徨，但仍以马克思主义为指导，坚定前行；回看过往，有过质疑，有过否定，而靠着中国共产党的领导，从未放弃。

进入新时代，正如习近平总书记在党的十九大报告中指出的，我国社会主要矛盾已转化为人民日益增长的美好生活需要和不平衡不充分的发展之间的矛盾。中国特色社会主义法律体系已经形成，但我们应认识到它远非足够平衡与充分。我们不能回避改革开放 40 年来在法治化治理道路上碰见的难题，但也应看到中国在克服困难过程中获得的非凡成就。本文正是围绕这一对辩证关系，回顾改革开放 40 年尤其是党的十八大以来我国未成年人和老年人的监护制度所面临的难题与上海对此取得的成就和突破。

---

* 刘亦艾，华东师范大学法学院学生。

"少年智则国智，少年强则国强"，梁启超《少年中国说》言犹在耳，"南京饿死女童案"、"徐州生父性侵女童案"却让人红了眼眶。少年，国之栋梁也，父母监护人的失职与侵权，使未成年人最为基本的人身权利都无法得到保障，如此何谈少年智与国智，何谈少年强与国强？事实上，包括《民法通则》《未成年人保护法》等数部法律法规，都为未成年人的父母监护权之撤销提供了法律依据，只是由于条文过于原则性而尘封数十年从未使用。党的十八大召开以来，改革开放逐渐进入深水区、攻坚区，诸如上述"僵尸条款"逐渐被唤醒。2014年，最高人民法院、最高人民检察院等机关共同发布《关于依法处理监护人侵害未成年人权益行为若干问题的意见》(以下简称《意见》)，将未成年人父母监护权的撤销制度明确化、具体化。在《意见》实施后不久，上海市长宁区人民法院便适用了相关条款，判决撤销了失职单身母亲对未成年女儿的监护权。这是上海首例未成年人的父母监护人因不尽抚养义务被撤销监护权的案件，它使我国未成年人监护制度有了一个长足的进步。此案的作用远不限于单个未成年人或单个家庭，它昭示着在上海、在全国，即使监护人是父母，一旦他们长期不尽抚养义务甚至侵害子女合法权益，也会被依法剥夺监护权。"有家没人管的孩子，国家管起来"，上海的这一司法突破，对未成年人的发展，对习近平总书记提出的"中国梦"的实现，无疑具有极其重要的作用。

与解冻未成年人父母监护权撤销这一僵尸条款类似的，是对老年人意定监护的承认与尊重。我国现行的老年人监护制度设立于20世纪80年代初期的计划经济时代，带有浓厚的计划特性，立法理念为减轻被监护人对他人与社会造成的消极影响。这种立法理念建立在牺牲弱势群体利益的基础之上，忽视了老年人的剩余行为能力，忽视了他们平等参与社会生活及自我决定的权利。改革开放以来，在解放思想的号召之下，平等、自由思想洗礼中华大地，尊重和保障弱势群体法律保障理念得到贯彻，"保护弱势者合法权""尊重自主决定权"等观念深入人心。人们逐渐认识到如老年人这般意思能力略有不足者不应被过分特殊化，他们的自我决定能力与意愿应该被认识、被尊重。由此，意定监护，即老年人可以在自己意思能力尚存时自行指定监护人的制度在改革开放深入进行的大背景下应运而生。立法上，2013 年修订实施的《老年人权益保障法》和 2016 年修订实施的《上海市老年人权益保障条例》，赋予了老年人根据个人意愿预先选择监护人的权利。然而，只有一线法官们在司法实践中敢于适法、敢于突破，悬于空中的法条才能真正落地、造福人民群众。2017 年，第一个意定监护的生效案例在上海出现，一名 85 岁的老人运用意定监护制度将自己未来的监护人确定为她的孙女，从而预先保护了自己精神失常后的合法权益。这位老人名叫周杏芳，她是全中国第一个意定监护法律制度的受益者。截至 2017 年 7 月，中国成年意定监护公证受理数量达到 100 件左右，其中半数以上发生在上海。上海老年人对意定监护权利的积极主张极大地推动了该制度在全国范围内的普遍推广，使改革开放的平衡性、充分性更进了一步。习近平总书记在党的十九大报告中提出"健康中国战略"，指出中国在改革开放进程中需积极应对人口老龄化的问题，构建养老、孝老、敬老的政策体系和社会环境，而对老年人自我决定权的尊重与承认是贯彻落实"健康中国战略"的应有之义。

党的十九大报告提出，要坚持在发展中保障和改善民生，在幼有所育、学有所教、病有所医、老有所养、弱有所扶上不断取得新进展，保证全体人民在共建共享发展中有更多获得感。而对未成年人和老年人的监护保护，是保障未成年人能够依法享有受教育权的前提，是老年人得以被赡养、被扶助的基础。立足上海，使监护制度的进一步完善与落地，在全国成了可能。改革开放是长远大计，绝非一日之功；改革开放是真做实干，而非空口白话。上海这些年来对未成年人和老年人监护制度的突破正是我国 40 年改革开放进程的缩影。

"民告官"更有底气

——记上海 40 年法治变革之跨行政区划法院的设立

项 尚[*]

"一年春景君须记，最是花开好看时"，2018 年春天，注定意义非凡。上海波澜壮阔的新时代改革画卷正在黄浦江岸壮美铺陈，40 年改革开放砥砺奋进的成效正在接受全面检阅。而上海市 40 年法治改革更是改革长卷上的一道靓丽风景。作为海派文化的发源地，上海自开埠以来就处于中西文化交锋交融的第一线，最早引入近现代司法理念和西方法治模式，21 世纪以来又一直在为建设国际金融中心和国际航运中心而持续努力，在司法体制机制改革领域有许多可圈可点之处。

伟大变革，总是在时代呼唤中展开。而历史，透过一个个重要时刻，为其标注下鲜明的印记。改革开放 40 年，上海法治变革涉及司法体制机制的方方面面。

从 1978 年到 2018 年，四十年栉风沐雨，四十年淬火成钢，上海以无比坚定的改革决心和自我革命的巨大勇气，全力推进这一场具有鲜明中国特色和时代烙印的司法改革。且不说上海建立了全国首个律师服务平台，率先向全国律师开放，提供全天候智能服务；也不说上海首创

---

* 项尚，上海师范大学哲学与法政学院研究生。

"案件权重系数"作为法官业绩评价指标；更不用说上海在2017年设立了第一家金融法院，单单跨行政区划法院——上海市第三中级人民法院设立，就足以代表40年来，上海一直走在司法体制机制改革的潮头。

2014年年底，上海设立跨行政区划法院，审理跨地区重大民商事、行政等案件，为构建普通案件在普通法院审理、特殊案件在跨区划法院审理的新型诉讼格局探路前行。上海市第三中级人民法院成立后，全市行政案件年均收案量比2014年增长8.3倍。作为在上海高校的法学生，我是无比幸运的。我比全国其他任何城市高校法学生都更加接近这一伟大变革。

2016年11月，我有幸在上海市第三中级人民法院聆听了一场"民告官"的案子。原告因查阅住房公积金受阻，把上海市公积金管理中心告上法庭。经审理，最后法庭判决驳回原告诉讼请求，但是这个案件并没有以法官宣布原告的败诉而宣告结束，记忆犹新的是原告当场表示服判，不上诉，"法官释法明白，让我知道自己输在哪里，而且当庭给政府部门指出不足，事后还发了督促纠正的司法建议书，这个官司我没白打"。原告尽管败诉，仍然对法官竖起了大拇指。官司输了，却让我们老百姓对政府、对法治更加有信心。早在成立上海市第三中级人民法院的同时，上海根据改革要求和司法实际确定了跨行政区划受案类型，将之分为三大类：行政诉讼案件，以市政府为被告的一审案件和以市级机关为上诉人或被上诉人的二审案件；涉及重大民生问题的刑事案件，比如走私犯罪、重大侵犯知识产权犯罪、涉食药环安全犯罪等；大交通领域的刑事案件，诸如港口、水上、海事、轨交运输等领域的刑事案件。这些案件往往具有跨地域的特性，与老百姓和地方政府利益密切相关，而民告官在传统诉讼格局中天然地存在"主客场"问题，受到地方因素干扰的可能性相对较大。截至 2017 年 1 月，像这样的"民告官"诉讼，上海市第三中级人民法院共受理 1462 件，其中以上海市政府为被告的一审案件占 35%。跨行政区划法院的设立，打破了诉讼中的地方保护，从客观到主观上全程避开了地方政府的干扰，保障法官依法独立公正地行使审判权。而普通案件在行政区划法院受理，特殊案件在跨行政区划法院受理，这也正是中央对设立跨行政区划法院改革的落脚点。

2017 年 1 月，一起货运诈骗案在上海市第三中级人民法院开庭，然而被告人并没有出现在庭审现场，而是法官利用远程审判系统与南京铁路看守所直接建立了视频连线。而这次，我也是通过电脑在线观看了庭审。据悉，杭州、南京、徐州、合肥的铁路运输法院是上海市第三中级人民法院的下级法院，案件如果上诉，当事人就要到上海参加诉讼，或者法官远赴当地开庭。为此，上海市第三中级人民法院建立了这套连接四地法院和看守所的远程审判系统。如果将与四地铁路运输法院的联系称为"大跨"，上海市区的集中管辖则可以称为"小跨"，信息化建设极大地缩小了司法空间，实现了跨行政区划审判的"千里一线牵"。与此同时，上海市第三中级人民法院开通了全国首个在审案件律师远程阅卷平台，律师只要在网上预约取得授权，就可以随时随地阅卷。我们可以看到，自设立以来，上海市第三中级人民法院努力提升司法便民服务，把这个理念贯穿到司法审判的始终，尽量为当事人化解矛盾，节约成本，做到法律效果和社会效果的统一。我们也能明显感受到，在行政诉讼中除了注重监督功能的发挥，注重提升行政诉讼的纠纷解决功能，也往往更能切实维护和保障当事人的实际利益，从而促进官民和谐。

从 1978 年到 2018 年，上海无比坚定豪迈，以改革之策务为民之实，以制度之变夯公正之基，取得了司法领域一个又一个辉煌的成就。"惟改革者进，惟创新者强，惟改革创新者胜。"习近平新时代中国特色社会主义思想已将灯塔点亮，司法改革的壮美画卷已经磅礴展开。站在新的起点扬帆起航，司法体制改革有了更加清晰的坐标航向。牢记着司法为民的使命初心，践行着深化改革的宏伟蓝图，上海司法事业必定能奏响出新时代的最美华章！

司法警察的价值和荣誉

徐勇俊[*]

2017 年 6 月，由于军队改革的需要，我脱下军装，怀揣着梦想加入了上海市嘉定区人民检察院的队伍。

报到的第一天，我经过二楼的文化长廊时，不禁放缓了脚步，被眼前珍贵的历史画面所深深吸引，跟随着一代又一代检察人的足迹，感受着改革开放以来人民检察事业的蓬勃发展。在走廊的尽头，我看到这样一支队伍，他们大多数跟我一样都是退役军人，没有闪光灯的聚焦，也没有鲜花和掌声的陪伴；没有提审犯罪嫌疑人时的斗智斗勇，也没有法庭辩论时的神采飞扬。但，他们有甘当绿叶的情怀，有忠诚敬业的品格，有主动作为的担当。他们用实际行动告诉我："法警工作，不是中心影响中心，只有胸怀全局，履职尽责，才能不辜负时代和检察事业赋予的神圣使命。"

在我的身边有这样一位女法警，她的名字叫沈怀蘋。因为和蔼可亲，乐于助人，我们都亲切地称呼她"知心大姐"。1998 年的夏天，她自愿从行装科的副科长转岗成为一名普通的法警，这一干就是 20 年。2013 年年底的一天，她在统计全年报表时，由于身体极度疲惫晕倒在办公室，被紧急送往医院治疗。当时正是年终办案冲刺的关键时期，这十

---

* 徐勇俊，上海市嘉定区人民检察院法警。

几天来她一直起早贪黑，没休息过一天。病倒的前一天，她白天先是在市区里送达法律文书，晚上继续整理归档材料，一直加班至深夜。她住院后，同事们开始接手她的工作，在整理归档材料时发现，厚厚的档案袋底下压着一份病历，令我们感到震惊和意外的是，其实早在9月，她就已经得知自己患了甲状腺癌。

其实沈大姐只是全国检察系统内很普通的一名法警，而在我们身边，有无数的法警在面对生死考验时，毅然选择了坚守岗位。四川法警陈军在押解犯罪嫌疑人从新疆返回攀枝花途中，因突发车祸，为保护犯罪嫌疑人的生命安全而不幸以身殉职，年仅29岁。云南法警邹正忠，在执行监视居住任务中，连续奋战50多个日夜，因突发疾病，牺牲在执勤岗位上。广西法警滨毅，超负荷工作一个多月后，突发脑溢血，因公殉职。

我时常会感慨，司法警察到底是有多努力啊，到底是为了什么，能让那么多战友在如此平凡的岗位上前仆后继，用青春和生命坚守着这份忠诚！

改革开放以来，当我们享受着经济飞速发展带来的红利时，长期积累的社会矛盾也日益凸显，全国检察机关的办案数量连年递增。而司法警察作为服务保障检察办案的中坚力量也不可避免地挑起了重担。每天我们要送达大量的法律文书、执行配合远程提审、调查取证、看管看护和处置突发事件等任务。长期繁重的工作，使我的很多战友都患上了不同程度的慢性疾病，在心理和生理上都承受着莫大的痛苦。要默默承受这种痛苦，需要的是一种精神力量，这种精神力量是一种心理定力，是对检察事业的无比执着，更是对法律精神的深刻信仰！

我刚来到法警队的时候，每天不停地重复着同样的工作，这样的日子让我有点困惑，但是，有一件事情改变了我的想法。那天，我跟着队长一起去配合远程提审，为了让我了解规范的手续流程，他亲自提押还押每一个犯罪嫌疑人。由于提审的人数特别多，再加上看守所里非常潮湿阴冷，队长腰上的老毛病又犯了。在提审轮换的间隙，我看到他艰难地靠在墙角，双手使劲地捶着腰。就这样，他强忍着疼痛一直坚持到最后一个嫌疑人被送回监室。提审结束后，同去的检察官助理不停地向他道谢和称赞他的高效，看到这个情景，我终于明白了，为什么有那么多的战友在困难面前，义无反顾。为什么办案人员在无助时，首先想到的就是我们，因为司法警察的终极使命与检察办案的根本要求是一致的，那就是全心全意地为人民检察事业服务！

也许有人会说，国家监察体制改革后，司法警察的工作会轻松很多。但这只是一厢情愿的说法，随着职务犯罪检察官办公室的成立和公益诉讼的不断推进，今后我们的担子只会越来越重。记得大学里的教授说过，高楼大厦之所以能够屹立不倒，除了地基深厚，还有钢筋结构的支撑，但最受力的部位就是那些连接钢筋的铆钉。而在共和国法治社会的大厦里，司法警察就是这些最不起眼的铆钉，虽然承受着巨大的压力，但始终紧紧地铆在自己的岗位上！

转眼间，我在法警队工作也快一年了，期间经历了司法改革，也亲历了战友们365天如一日的艰辛与付出。在这里我知道了重复工作和训练是司法警察的日常。"要耐得住寂寞，经受得住考验，要自己主动作为，把方便留给同事。"是队长经常挂在嘴边的一句话。我也真切地感受到，司法警察正在与检察事业一起壮大，同呼吸，共命运。为了让老百姓在每一个案件中感受到公平和正义，我们在辛劳中才真正体会到司法警察的价值和荣誉，因为我们头顶的是国徽，肩扛的是责任，我们的名字叫，司法警察！

勇当改革先锋　谱写司法改革新时代的壮丽篇章

邬颖华[*]

德国哲学家康德曾说，世界上只有两样东西能引起人们内心深深的震动，一是我们头顶灿烂的星空，一是我们心中崇高的道德准则。如果说头顶上的星空引领我们追寻梦想、追求卓越，那么心中的道德准则则会提醒我们坚守底线、强化自律。当然，道德是良知，而法律的出现是约束，是维护社会公正的最后一道防线，不但代表着国家法治建设的水准，还影响着民众生活的幸福指数与公正指数。

党的十一届三中全会以来，我国法治建设取得了巨大进展和成就，但与此同时，一些不规范的司法行为的出现影响了人民群众对法治越来越高的要求与期盼，如有些司法人员工作效率低下，办案久拖不结；有的使用自由裁量权不当，存在办"金钱案""关系案""人情案"等情况，导致部分涉案人对司法机关、司法人员缺乏信任……

如此种种，已经让我们不禁发问：要如何托起法律的天平，维护真正的公平正义？在这样的时刻，我们党提出具有全局性、战略性、前瞻性的思想纲领，用清醒的判断、坚定的态度、果敢的抉择，推动司法改革打开新局面、开辟新境界。

---

*　邬颖华，上海市杨浦区人民检察院司法行政人员。

2015 年，上海作为司法改革试点地区，承担着大胆先行、创造经验的重要责任。而我作为司法改革第一批招录的司法行政人员之一，亲历每一步改革进程，见识到改革铺开后上海司法系统焕然一新的风貌，体会到司法责任制的发展内涵，感受到人民群众对司法正义更多的信心和希望。一项项科学合理的规划，一个个落实到位的举措，这些具有历史意义的瞬间汇聚成波澜壮阔的改革大潮。走进这个伟大的时代，是我们这一代人的幸运。

历史上看改革，莫不面临阵痛，战国时期商鞅变法使落后的秦国一跃而起，变成制衡中原、压倒六国的霸主，而这位改革者却因侵犯贵族利益而被处死；王安石变法对巩固宋王朝统治、增加国家收入起到积极作用，但因宋神宗立场不坚定且变法内容得罪权贵，变法最终被罢废；而将镜头拉近，发生在清末的司法改革，曾参酌中西制定《刑事民事诉讼法》（草案），对中国的传统司法进行了脱胎换骨的改造，但由于受到官僚阶层的严厉抨击，最终不了了之……今天，司法改革仍旧是一场攻坚战，面临长期以来形成的、具有巨大惯性的司法体制，无论是员额制改革、司法责任制，还是职业保障、薪酬待遇等问题，都触及每个人的"奶酪"，其难度和阻力可想而知。

如今，司法体制改革试点工作开展近三年来，上海勇于大胆探索创新，向人大、社会各界交出的"答卷"也纷纷获赞。以检察系统为例，上海市闵行区人民检察院通过设立岗位责任清单、岗位考核量化模式、结合人员自主自愿原则，大大提升一线检察官数量；浦东新区人民检察院率先设立命名检察官办公室，进一步突出了检察官在司法办案中的主体地位，提高检察官的职业尊荣感……可以看到，如今政法队伍的梯次结构、年龄结构、专业结构明显改进，法官检察官执法办案能力普遍提高，司法公信力显著提升。这一切，离不开司法改革科学合理、行之有效的顶层设计。

泰戈尔在《飞鸟集》中写道，我相信自己，生来如同璀璨的夏日之花，不凋不败，妖冶如火，承受心跳的负荷和呼吸的累赘，乐此不疲。放眼司改征程上，甘于奉献、敢于担当、淡泊名利、爱岗敬业的人物一直在不断涌现，他们挺直腰板，敢于面对各方的质疑和反对，在风急浪高中彰显担当；他们殚精竭虑，积极奔走多方调研，伴着青灯黄卷制定司改最优方案；他们夙兴夜寐，在成山成堆的卷宗中坚守着司法为民的初心，担负起司改后越来越重的责任……

这些人中，有被称为"燃灯者"的已故前上海市高级人民法院副院长邹碧华，司改进程中他曾被委以司改办主任的重任，不仅主导推出"律师网上服务平台"并出台《法官尊重律师十条意见》，在律师界引起了轰动，还推进"法官业绩数字化评价"，将案件大数据、权重测算法与工作量可视化展示等方法综合运用，科学评估法官办案工作量。正像有人说的，他始终循着时代的气息，既做发现问题、提出问题的命题者，也当解决问题的赶考者，并竭力将法治一步步地"向前拱"。

当选 CCTV 2017 年度法治人物的上海市委政法委研究室主任施伟东则被称为"司法改革的探路人"，他胸怀建立制度应以人民利益为重的理念，深入群众和基层调研，以此掌握一手数据和动态信息，并先后主要执笔起草了《上海市司法改革试点工作方案》等 10 余项重要改革文件，积极回应了人民关切，并努力推动建设更好的司法制度；还有被称为浦东"陆亦可"的十九大代表、浦东新区人民检察院检察官施净岚，以提升检察工作透明度为目的，将关于办案过程的案件讨论、开庭等一系列环节以网络直播的形式向广大网民真实呈现，被超 30 万人次围观，不留神作了一回"网红女神"……

习近平总书记说，新时代属于每一个人，每一个人都是新时代的见证者、开创者、建设者。这个人，也许是初出茅庐、踏上司法之路不久的我，也许是历经锤炼、已是中坚力量的你，还可能是经验老到、被称"老法师"的他，我们每一个人，都需要以坚忍不拔、锲而不舍的精神状态，在攻坚克难中锐意进取，奋力谱写司法改革新征程的壮丽篇章。

听雷赋

曹俊梅[*]

粤以戊戌之年，余为撰征文，揽史怀故，枕旧窥新，心怀万端，言不尽意。忽闻雷声阵阵，飙举电至，鏦鏦铮铮，金铁皆鸣，慨然而叹："四十年改革之壮举，何异于此震雷乎？"

风涌云急，迅电裂空，流光千里，长夜若昼，耀长空而明四野，灼视野而新思潮。辩真理，重实践，复高考，揽人才。解放思想，实事求是；团结一致，勠力向前。除旧立新，清前岁之积弊；务实求真，去以往之浮风。

疾雷咆哮，风云色变，轰隆飒沓，其势万钧，惊万姓而动天下，振聋聩而开新局。开全会，设特区，行联产，促经济。韬光养晦，有所作为，迅猛发展，振兴中华。雷霆万钧，造鸿鹄千里之势；大刀阔斧，收筚路蓝缕之功。

雷雨稍歇，汇流成河，奔流向海，森森茫茫，涤荡万顷波澜举，承船载舟远征途。不忘初心，砥砺前行，攻坚克难，久久为功。检察波涛岂不为此改革洪流之一支耶？建机关，明责成，颁法律，行监督。同舟奋进，臻法治完善之域；继往开来，萃万法而开先河！

---

[*] 曹俊梅，上海市嘉定区人民检察院检察官助理。

沪上领衔潮流，检察工作拾级而上。申城接续改革，检察工作旬日而新。国企改革，保驾护航，打击贪腐；浦东开发，保护知产，维护金融；自贸区建设，务实创新，法治奠基；"一带一路"，立足职能，保障服务。深化司改，试点先行，稳步推进；人员分类，或删繁而就简，或舍旧以谋新。员额改革，落实绩效，致各员考验、任用、惩戒、奖励等项，均有依据，广搜意见，以昭划一。内设机构改革，风声所树，耳听一新。

若夫改革，端赖执行，稍一蹉跌，事机即逝。改革之难，棘地荆天。建一议，赞助者居其前，或反对者居其后；立一法，今日见为利，明日或见为弊。新时代，改革之险，发展之机，富强之愿，毕萃于兹。世有雷霆可惊天下，若无雨则成空响，是故以人为本落实政策；世有滴水可穿石，锲而舍之不折朽木，是故踏石留痕功在不舍；世有骐骥可跃千里，误入歧路南辕北辙，是故坚守党性以身作则；世有尖兵攻无不克，各自为战一击即破，是故勠力同心气吞山河。

人生须臾，蜉蝣于世，俯仰一生，何以为寄？上承革命先辈未竟之志，下慰生民望治之殷。托法治之志，寄弘法之愿，莐护法之忧，全吾执法之责。无任翘盼，春雷惊蛰……

记忆的回赠

庞闻淙[*]

> 改革是社会的成长，亲历改革则是一种财富。
>
> 身逢盛世，数十年中点滴的记忆都值得回味。

元年的实习生

1995 年老中院分院时，我还是个实习生。虽然没有赶上上海市第一中级人民法院建院的"七一"宣誓，但聚散离合间的人情故事，不难感受到种种平凡的真实。除了每天打扫卫生、排队泡水，实习生干的是书记员的活儿。带教老师起初一直没有表态，这让我心里没底。直到有一天他突然说了句意外的肯定，才让我恍然且释然，瞬间心情大好。

可他自己也有紧张的时候。每当向庭里汇报案件，如同三堂会审。几位庭长依次坐定，翻开卷宗，轮流发问。即便是一个旁观者，也可以感觉到这种因严谨乃至严苛所凝起的压迫感。以今天的理念，或将此归结为"行政化"，但这似乎并不够准确，现场实际还带有一种浓厚、专业的论辩色彩。那天，有一个案子被退了回去。我抱着一堆卷宗走下楼

---

* 庞闻淙，上海市第一中级人民法院庭长。

梯，听见他在前面长吐了一口气，似乎喜忧参半。

新的法院，新的环境。当时的办公没有电脑，Windows 95 才刚刚诞生；拟稿全靠手写，一笔好字或者烂字，都会让人印象深刻；文书是用"四通"打印蜡纸，然后制版印刷。很多人还记得文印室的工人老曹，黝黑壮硕，忧国忧民，最喜欢给我们这样的"菜鸟"上课。在他的专业领域里，他有着充分的自信和自豪。

不知不觉毕业将近。望着肃穆的审判大楼，陌生的距离感开始被一种归属感慢慢代替。起步了，就开始走向远方。

幸运与艰难

从书记员到法官是职业的转折，但就以往的晋升制度来说，坡度还算平缓，论资排辈就可以解决。但慢慢的规则发生了改变，终于使得考试成为了一场马拉松式的比拼。

首先是计算机和英语，然后是案例分析、撰写裁判文书，还需要提交论文并进行答辩。冬去春来，三个月里全部是用周末的休息时间进行。客观而言，这是年轻人的幸运。

作为当时全心投入的应试者，可能还来不及意识到，这样开放、激烈的竞争，不仅对于自己，即使对于考试的组织者、评判者乃至众多旁观者来说，也会产生深刻的触动。这是一个共振的气场，订立了一个高于以往、更加严格的准入标准，不仅打破了庭室的界线和行政的依附，更预示着未来跨入这一职业的门槛将越来越艰难。很快，原来的律师资格考试与法官、检察官职业资格考试"三考合一"，开始有了国家司法考试。

五月的旗忠村，在刚启用不久的高院培训基地，我完成了法官的岗前培训，留下了一张学员的合影。这是一名初任的法官，更是一名社会课堂的学生。

改革的风口，现实的浪尖

没有人会否认改革在法院发展过程中所留下的浓墨重彩的一笔，也很难在每一位亲历者脑海中抹去那段深刻的记忆。观念的转变是最大的转变。更何况，这种转变被浸透在全方位的实践当中。仿佛通过一个舞台，让法治的梦想照进现实。

早在最高人民法院颁布第一个五年改革纲要之前，上海法院的改革就已起步。但为人之先，除了勇气和决心，更有大量艰苦的工作要做。公开开庭率的大幅提高，意味着司法成本的迅速增加；审判流程管理的推行，需要计算机和人工操作并行过渡；庭审方式、繁简分流、质效保障、审判大数据……

近4年来，上海法院继续秉持敢于担当、攻坚克难的精神，全面推进司法改革。人员分类管理，"让审理者裁判、让裁判者负责"，发布《审判质量保证体系白皮书》，构建多元化开放式大调解体系，开展司法公信力第三方评估，以信息化加持"智慧法院"……

改革从启动到推进，充满了理想和激情，也不乏议论和疑虑。但最终，实践回报了它的付出，迎来了前所未有的今天。

改革者的一大难处，在于必须两线作战。巨大的办案压力年复一年地挤压着法官的身心，深刻、复杂的社会变化又把法院推到了各种矛盾的前沿。回过头来，我们可能已经无法想象，如果没有孜孜以求的改革坚持，法院将如何再能承受得起如此高强度的诉讼浪潮的冲击。

如今，法院的大楼明亮、通透，每个审判楼层的办公室和法庭只隔着一条窄窄的走廊。在这里，法官们离法台很近、离社会也很近，都能看得到阳光。

从理念到信念

处在上海这样的大都市，文化交融，价值碰撞。案件是社会现实的反映，但如何判断、评价和引导，体现着法律背后的理念。相对而言，法律的技术进步比较容易被接受。然而，一旦拨开浅表的认同，触及深层的利益冲突和格局调整，现有的司法规则仍然显得薄弱。从"执行难"到"信访不信法"，一段时间里，作为青年人难免会有许多困惑。

有时候我会反思，当年我跟过的一些老法官，他们没有经过正统的法学教育，没有专业的理论功底，没有优越的物质条件，也没有接触过所谓的现代法治理念，但为什么却能够赢得大家的尊重和当事人的信任。或许因为，他们的观念朴素、界线分明，所以更加坚定；他们的经历丰富、感情真实，所以更加包容；他们的对比深刻、心态平和，所以更加珍惜。理念离不开信念。法官实现正义，不是高高地坐在云端看着，而是要真正踏进现实这条艰苦、泥泞、深一脚浅一脚的道路往前走。没有信念的支撑，难免患得患失。值得自豪的是，那些老法官身上的品质，没有在我们这一代人身上失去传承；我期待，在新成长起来的这批年轻人心中，法官这个职业，依旧能够让他们为之全心付出。

抚今追昔，恍如隔世，感慨万千。

院史室里的每一个奖杯、每一幅图片、每一张笑脸，都记载着法院干警司法为民的热情和奉献，更记载着改革开放以来中国法治建设的光辉历程。

40年，世事变迁，唯法治信仰不变。

广场上国旗猎猎，"让人民群众在每一个司法案件中感受到公平正义"，在耳边回响、在心中镌刻。

槌　音

陈晓方 *

　　"我"姓法名槌，形却如锤，人都说我祖宗是"惊堂木"，殊不知"惊堂木"不同的身份在不同的场合均可使用，而我专一，仅审理案件专用。沧海桑田，再说今天的法槌设计和制作与旧时"惊堂木"也有着天壤之别，槌顶镶嵌着天平、麦穗和齿轮的铜片，底座刻有徽纹图案，既体现中国国体、政体和民族特色，又象征司法公正、文明审判、法律严肃性和庄重性。

　　"我"是 2002 年 6 月 1 日奉最高人民法院的通知走进上海各级法院的。虽然来得有点晚，但也有幸亲历了浦东法院的几件重量级"力作"。现与大家娓娓道来之。

　　第一件就是结合浦东实际提出的服务金融发展措施。报到前就听说浦东发展很快，来浦东后的第一印象却是没想到发展得这么快，陆家嘴高楼大厦鳞次栉比，金融机构用铺天盖地来形容都不夸张。据统计，截至 2008 年集聚浦东的各类中外合资金融机构累计达到了 540 余家，GDP 贡献率约为 1/6，接近世界上的金融水平。浦东金融业的迅猛发展也带来了大量专业性强、类型新、社会影响大的案件。这时全国首设金

---

*　陈晓方，上海市浦东新区人民法院法警。

融审判庭的浦东法院，积极迎接挑战，推行金融专项审判等 12 项服务金融发展措施，使金融审判影响力不断拓展，在保障服务金融司法和构建专业审判机制方面做出了积极的探索，对上海国际金融中心的建设具有重大意义。

第二件是专为举世瞩目的 2010 年上海世博会量身定造的"世博诉讼服务中心"和"世博法庭"。它们是为"平安世博""和谐世博"定位的两大引擎机构，分别处理与世博会有关的各类非诉纠纷和诉讼案件，既满足世博会的综合性多元化需求，又能在程序和实体上功能互补，这是浦东法院为上海世博会这一"画卷"增添的浓墨重彩的两笔。

第三件应该要数 2013 年自贸区法庭的率先成立，这也算是一件浦东法院的"超大作"。在浦东设立中国（上海）自由贸易试验区不仅是浦东的事，还是整个上海甚至全国的事。先行先试意味着不但前无先例可循，而且还要向后面设立的中国其他自贸区提供可复制、可操作的经验。作为上海法院司法服务保障经济社会发展的又一大新作为，上海法院作为保障自贸区建设的一个平台和窗口，自贸区法庭确实不负众望，积极挑战，为后来中国各自贸区化解矛盾纠纷、协调利益冲突、支持开放创新、营造法治环境，推进符合国际化、法治化和便利化要求的跨境投资和贸易规则体系形成了积极示范作用。

其实在"我"来之前的 1994 年，浦东法院就率先设立了有较大影响力的全国基层法院第一家知识产权审判庭，创立刑事、民事、行政案件"三合一"审判的知识产权立体保护机制，被称为"浦东模式"。中国改革开放后，"知识产权保护"一直是部分西方国家对中国发展借题发挥、强加议论的重点话题，浦东招商引资也面临着同样的问题。为改善浦东投资环境，促进经济发展，浦东法院因势而为设立知产庭。巧合的是 4 个月后，中国发表了《中国知识产权保护状况》白皮书。次年，中国正式提出加入世贸组织的申请。众所周知，知识产权可是中国复关的一块大绊脚石，而知识产权审判庭的设立却让这块绊脚石成了推动力。

"我"是审判庭的组成部分，对"庭内"事了解较多，但对"庭外"事也略有所闻。如对探索科学高效运用司法资源有积极作用的多元化纠纷解决机制、案件繁简分流机制，分别被最高人民法院确定为"全国多元化纠纷解决机制改革示范法院""全国法院案件繁简分流机制改革示范法院"；深入开展的"春天的蒲公英——新上海人第二代与法同行"普法项目，被评为全国"未成年人健康成长法治保障制度创新"优秀事例、上海市加强与创新社会管理十佳示范案例；还有积极探索"以自助立案为特色的诉讼服务中心"，也得到社会各界的广泛赞誉等。

16 年来，"我"感受最深的是浦东法院一项项重大的改革举措，一个个新增的专项审判庭，无不刻着时代的烙印、伴随着发展的步伐、谋划着长远的规划。她总是和"第一""首创""特色"等词联系在一起。试着将新增审判庭的时间节点去对应浦东发展轨迹，发现完全与中国改革开放、浦东开发开放的节奏相合拍。如果说浦东法院的一桩桩大事好比是大作，那用白居易"文章合为时而著，歌诗合为事而作"的名句来形容最贴切不过了。

浦东法院的"力作"远不止这些，至于写得如何窥一斑即可知全豹，"全国文明单位""全国模范法院""上海法院集体一等功"等荣誉称号的获得便是最好的褒奖。

使用法槌只是形式上的细小变化，但它反映了我国法律功能和司法理念的深刻变化，是"公正与效率"为主题的司法改革的一个动态缩影，最终是通过法官的综合素质和业务水平来体现。"我"在浦东法院见识了不少知识渊博、沉着稳重、驾驭庭审能力强的法官的风采，也见证了许多忠于职守、高风亮节、正直善良的法官是如何秉公办案、惩恶扬善、弘扬正义的。有个成语叫"一锤定音"，"我"是法槌，我要"一槌定音"，我希望"槌"响的是清音和正音，不是杂音和浊音，更不能失音。

东方风来满眼春，浦法欣欣生意时。愿浦东法院写出更多与时俱进的恢宏巨著。

大鹏一日同风起，扶摇直上九万里

——司法走过 40 年随想

韩学义 *

站在欧阳路 22 楼明亮的办公室，西边鲁迅公园美丽的全景，南边陆家嘴至人民广场的全部标志性建筑尽收眼底。我时而拿着 37 页的判决书翻了又翻，时而手拿从南京贡院买来的"状元"戒尺不停地把玩，心中的滋味真是美极了！

这样美妙的滋味已经持续了好几天，眼前总是不停地浮现出审判长在法庭上大声宣读判决的情形："上海某文化传播有限公司、湖南某音像出版社构成侵权！"

前者是全国响当当的出版单位，后者是在上海乃至全国文化界、出版界也是非常精品的文化企业，还有一家副部级的国家单位，虽然没有判它直接构成侵权，但它的过错与不当，在判决书中已昭然若揭。

37 页的判决书，还原、再现、确认了叶先生和 29 位艺术大师及团队五年来在苏州太湖边的艰辛付出，和我与叶先生三年来在黄浦江畔的不懈努力。这样的判决在党的十八大以前是不容易的，在 20 年前是不敢想象的，如果在 40 年的改革开放前，更是天方夜谭了！

---

* 韩学义，上海莫高律师事务所律师。

香港叶先生是一个文化人，从 1998 年到 2008 年，经过十年的酝酿和沉淀，他决定聘请 29 位全国顶尖的昆曲艺术家以"一人一说，一戏一题"的独特形式，对 109 折传统折子戏中的表演艺术作出系统和完整的阐述。

正如各种介绍和评价所言：这 29 位艺术家，每一位都是一折戏的权威，也几乎都是中国戏曲最高荣誉奖的获得者，又是百年昆曲史上专心既往而又精心开来的一代。在他们身上，有上一代前 60 年的艺术积累，又有自己近 60 年来的艺术思考，这 109 折戏是近百年昆曲舞台上成熟或比较成熟的经典折子戏、精选自南戏、元杂剧到明清传奇的 50 多部著名大作。

这些大师们，从每折戏在昆曲舞台上的地位，讲到这些戏在三代人身上的传承，从服装行头讲到台步、手势；从上场讲到下场，从每折戏的亮点讲到他们的看点。他们不仅说其然，而且说出了其所以然。从而让我们不但可以在剧场中，也可以在课堂里瞻仰经典，走进艺术大师的内心世界，分享表演艺术家的感悟和表演心得，真正领悟中国昆曲的博大精深。

这样的一群表演艺术家，这样的一大批经典剧目，这样的倾诉，这样的细"说"，在近六百年的昆曲史上肯定是第一次，在中国戏曲史上，也是难得的一次。

从 2008 年晚秋，叶先生立题，将 29 位艺术大师请到江南腹地，太湖之滨的苏州昆剧院，到 2012 年的早春完成，横跨了五个年头。叶先生花去 500 多万元，终于辑成 110 张碟片、5 辑图书，取名《昆曲百种·大师说戏》(以下简称《说戏》)。

2013 年，叶先生通过上海某文化传播有限公司委托岳麓书社和湖南某电子音像出版社出版，得到业内高度评价。前文化部副部长说"叶先生一个人，做了一个国家应该做的事"。

2015 年，叶先生发现，湖南某音像出版社和上海某文化传播有限公司，未经自己同意，擅自复制、发行《说戏》作品，擅自申请"国家出版基金项目"并获得国家出版基金办公室授予的大奖，在侵权作品上贴有"华表"。这些行为，严重侵犯了叶先生的著作权，深深地刺痛了叶先生和 29 位艺术大师的心！面对如此局面，叶先生困惑且犯难！

湖南某音像出版社是全国有名的出版单位，上海某文化传播有限公司也在文化界享有盛名，号称"文艺界中的精品"，他们能让"大师说戏"拿到十二五奖，并贴上"华表"，这足以显示出二者的实力，况且，这其中又牵扯到"国家出版基金办公室"。

让叶先生困惑的是，在几年的合作中，叶先生和这些公司和睦相处，对他们投入了全部的真情，对国家出版基金办公室，更是敬佩有加，他们为什么这样对待叶先生？这让他困惑和痛苦！让他犯难的是，他在知道被侵权后，这两家公司对叶先生仍是装聋作哑，遮遮掩掩，叶先生函告基金办，犹如泥牛入海。他们的傲慢，使叶先生除了"告"已没有别的办法阻止他们的侵权行为。

可是"告"，法院会不会受理？就算是受理了，官司能不能打赢？这都是摆在叶先生面前的非常现实的问题。

也难怪叶先生有这样的焦虑，知识产权，特别是著作权的保护，在我们国家是经历了一个发展过程的。

40 年前，我们国家是没有严格意义上的知识产权的，人们的文化生活空前匮乏，我小时候就那么几场电影，而且常常看不到，先是革命的样板戏：《沙家浜》《红灯记》《杜鹃山》《智取威虎山》，后是《洪湖赤卫队》《南征北战》，就这么几部电影常年巡演。

尽管充满着对历史的忧虑，可对中国司法的发展，特别是改革开放后这40年的发展，我们是有目共睹并充满肯定的。

这40年，我们是经历者、见证者，更多是受益者。

从1979年到1996年，这是我国司法制度的恢复期，其审判方式采用纠问式，法官穿着制服，戴大盖帽，原告几乎不用举证，一纸诉状上去，法官就会替原告做"全面调查"，原告几乎没有败官司的。在整个20世纪80年代和90年代初几年，有些地方开庭，律师和法官还是坐在一排的，律师吃"皇粮"，占国家编制。

20世纪90年代中期，司法制度开始大力度改革，庭审方式和庭审结构发生了重大变化，民事案件也是谁主张谁举证，律师不再和法官坐一排且律师不再吃皇粮、占编制，一切推向市场。

2000年之后，司法制度又向前迈进了一步，审判制度更趋成熟完善，律师制度更接近其本质属性和现实。进入新世纪之后，司法制度曾出现短暂的辉煌，我也是在2000年初期，经过整个20世纪90年代的历练之后，从一个西北的边远小城转到上海执业并成立了真正属于自己的律师事务所，圆了我年轻时候的梦想！

国家的伟大，莫过于以改革和创新成就逐梦传奇；知识产权的荣光，莫过于用实干和业绩为发展前路铸牢根基。

党的十八大以后，中国特色社会主义进入新时代，中国的司法制度也进行深入改革，进入到了以审判为中心的前所未有的新阶段。

40年来，我国知识产权司法保护制度在改革开放的大潮中起步和发展，伴随着我国商标法、专利法、著作权法等法律的实施以及加入世贸组织而不断完善，逐步建立起了以司法保护为主，民事审判为基础，行政审判和刑事审判并行发展的知识产权司法保护体制机制。从1985年2月，人民法院受理第一宗知识产权案件，到2016年受理792851件知识产权民事一审案件，我国用"中国智慧"和"中国经验"，在40年的时间里，不断追赶西方发达国家近300年走过的路，并走出了一条融汇与创新，自主发展和自我完善的"中国道路"……

叶先生终于下了决心，起诉了上海某文化传播有限公司、湖南某音像出版社，同时将国家基金办公室这个副部级单位也列为被告，让他们共同承担对《昆曲百种·大师说戏》的侵权责任。

第二次开庭，是从早上9点开到晚上9点，73岁的叶先生亲自参加庭审。在以其中的一张碟片为例，向法庭陈述他的创意和创作过程时，他充满着智慧、艺术、幽默、自信。

庭审结束已是深夜，我俩在一个小餐馆夜宵时，叶先生非常高兴和坦然，他告诉我：结果已经不重要了，其实我们已经赢了。我这个年纪了，也是经历了风雨的人，今天，通过这个官司，我更加切身感受到，现在的中国，已不再是10年前、20年前，更不是30年前。经过改革开放的40年，今日的中国的确已今非昔比，我们的法官原来这么优秀，我们的法庭原来这么文明，我们的律师在这么激烈的冲突中仍不失儒雅，让我感到非常痛快！

叶先生从痛苦到痛快，这一字的差别，正折射出我国司法走过40年所取得的伟大成就，特别是党的十八大以后，给人们留下的无限遐想和美好希望：大鹏一日同风起，扶摇直上九万里！

改革开放 40 年中国环境法治经验总结及展望

杨有娟[*]

一、改革开放 40 年中国环境保护的指导思想和理念发展

（一）1978—1988 年：环保指导理念曙光微露阶段

1978 年 3 月，五届全国人大一次会议对 1975 年《宪法》进行了修改，其中在第 11 条中首次专门对环保作出规定："国家保护环境和自然资源，防治污染和其他公害。"这一规定为政府实施环保管理和后来国家制定专门的环保法律奠定了宪法基础。其后 1979 年《环境保护法（试行）》的出台，更为中国环境保护所要走的路指明了方向，对推动全国环境保护工作走向法治轨道起到极大的促进作用。

（二）1989—1998 年：环保指导理念缓慢发展阶段

如果说 1979 年《环境保护法（试行）》是我国环境法治的起点的话，那么 1978 年至 1988 年这十年，则是我国环保法治建设萌芽时期，而 1989 年至 1998 年的十年时间，则是我国环保法治建设的起步时期。从第二次全国环境保护会议到 1989 年的六七年间，全国以强化环境管

---

* 杨有娟，同济大学法学院研究生。

理为中心，环境保护事业出现了新局面。1996 年 7 月，国务院召开第四次全国环境保护会议，会议动员全社会向环境污染发起总攻，同年 8 月国务院发布了《关于环境保护若干问题的决定》，并提出了保护环境是实施可持续发展战略的关键，保护环境就是保护生力。此时的中国，各级党委、人大、政府、政协的领导人关心环境教育已蔚然成风。

（三）1999—2008 年：环保指导理念快速发展阶段

1999 年《宪法》修正案确认了党的十五大提出的"依法治国"方略，指引了中国环境法治的发展模式和方式。进入 21 世纪后，中国对环保更为重视，党的十六大将实现经济发展和人口、资源、环境相协调、改善。生态环境作为全面建设小康社会的重要目标之一。2007 年 10 月，党的十七大报告首次将生态文明写入政治报告，把建设资源节约型、环境友好型社会写入党章，把建设生态文明作为一项战略任务和全面建设小康社会目标首次明确下来，对于推进新世纪环保事业发展具有里程碑式的重大意义。

（四）2009—2018 年：环保指导理念蓬勃发展阶段

2012 年 11 月 8 日，党的十八大报告首次单篇论述生态文明，把生态文明建设提升到与经济建设、政治建设、文化建设、社会建设"五位一体"的战略高度。2017 年 10 月 18 日，党的十九大报告强调"坚持人与自然和谐共生"，党章修正案吸收习近平总书记关于推进生态文明建设的重要思想观点，在总纲中增写实行最严格的生态环境保护制度等内容。这必将有利于中国牢固树立社会主义生态文明观，自觉践行绿色发展理念，同心同德建设美丽中国，开创社会主义生态文明新时代。

二、改革开放 40 年环境保护领域的立法成就

（一）国家层面的环保立法成就

改革开放 40 年，中国的环境立法发展十分迅速，环境立法成为中国法制建设中最为活跃的一个领域，环境法律体系的建设成就显著，到目前为止，我国已制定了 9 部环境保护法律、15 部自然资源法律、环境保护行政法规 50 余项、部门规章和规范性文件近 200 件及国家环境标准 800 多项。可以说我国的环境与资源保护法律法规已形成一定的规模，环境法体系奠定了一个框架，中国的环境法律体系基本形成，对防治环境污染、保护自然资源起到了重要的作用，使环境保护工作逐步迈入了法制轨道。

（二）地方层面的环保立法成就

由于环境问题具有区域性和地方性的特点，依据《立法法》的规定，全国各个地区可以根据地方的生态短板和加强环境保护的需要，针对加强生态文明制度建设、加强环境保护、加强自然资源保护、加强污染防治等方面，结合本地区实际制定地方性环境法规和规章。通过地方针对性的立法，既弥补了国家立法之不足，又通过局部的突破、实践、示范，推动我国环境法的整体创新。如《上海市环境保护条例》《湖南省环境保护条例》《重庆市环境保护行政处罚程序规定》《天津市大气污染防治条例》等。迄今为止，我国各地方人大和政府制定的地方性环境法规和地方政府规章共 1600 余件，初步建立了符合我国国情的环境保护法律体系。

（三）国际层面的环保条约签署的发展

为加强环保的国际合作，维护国家环境权益，中国多次参加《关于持久性有机污染物的斯德哥尔摩公约》《关于消耗臭氧层物质的蒙特利尔议定书》《生物多样性公约》《鹿特丹公约》《气候变化框架公约》的履约国际协调工作。已同美国、日本、加拿大等 28 个国家签订了 35 个双边环境合作文件和 14 个双边核安全合作文件。积极开展了环境保护领域的双边经济技术合作和引资，与 APEC、ASEM、EU、世界银行、亚洲开发银行开展了区域环境合作。

三、中国环境法治取得的实效及成果

（一）环境立法体系基本完善

改革开放 40 年来，为了应对伴随经济发展而出现的环境污染与生态破坏问题，我国出台了有关环境保护的法律，各项重大环保制度依法建立，环境立法速度居各部门法之首。且环境标准和技术规范的要求越来越严格，弥补了传统环境管制手段的不足，成为强化环境管理的有效措施。对控制环境污染和生态破坏、合理开发利用资源与能源起到了积极作用。此外我国的环保机构也经历了从无到有、从临时到常设、从弱小到逐步强大的演变过程。

（二）环境治理的实效成果突出

2016 年 6 月 5 日发布了《2016 中国环境状况公报》，公报显示：2016 年，全国 338 个地级及以上城市中，有 84 个城市环境空气质量达标，占全部城市数的 24.9%；254 个城市环境空气质量超标，占 75.1%。338 个城市平均优良天数比例为 78.8%，比 2015 年上升 2.1 个百分点。从近些年环境公报所公布的数据来看，上海全市的空气环境质量整体出现好转，主要污染物呈现逐年下降趋势，且城市环境质量明显改善。从时空变化来看，城市大气环境质量的优良率有较大幅度提升，空气质量向好态势较为明显。2011 年以来，中国地表水环境质量总体趋好，这也在《公报》中得到印证。

四、生态文明建设思想下中国环境法治的发展路径展望

改革开放 40 年来，尽管我国已经建立了较为完备的环境法律体系，但应该指出的是，中国的环境法制建设还需要进一步完善，例如，某些方面存在着立法空白、有些法律的内容需要补充和修改，以及有法不依、执法不严的现象等。因此，继续加强环境法制建设仍是一项重要的战略任务。

（一）深入贯彻生态文明理念建设美丽中国

一是深入贯彻建设美丽中国的总体要求。党的十八大把生态文明建设纳入"五位一体"总体布局，提出建设美丽中国的目标，并分别部署生态文明体制改革、生态文明法律制度、绿色发展的目标任务。党的十九大报告把坚持人与自然和谐共生作为基本方略，进一步明确了建设生态文明、建设美丽中国的总体要求，集中体现了习近平新时代中国特色社会主义思想的生态文明观。二是推进绿色发展。这是建设美丽中国的重要基础。加快建立绿色生产和消费的法律制度和政策导向，建立健

全绿色低碳循环发展的经济体系，就是要从源头上推动经济实现绿色转型，减少资源消耗、减少污染排放、减少生态破坏。三是着力解决突出环境问题。这是人民群众最关心的问题。坚持全民共治，源头防治，这是防治污染、治理环境的基本方针。

（二）进一步科学立法

首先，考虑将生态文明建设和环境权写入宪法。不合理的经济发展方式是造成我国目前生态环境恶化的根源所在。生态文明建设入宪，是转变发展方式，从源头上扭转生态恶化趋势的需要。其次，提升《环境保护法》的法律地位。今后需要从地位和内容方面突出《环境保护法》的统率作用，并以此协调环境保护基本法与各单行法的关系。基本法既要对各环境保护单行法已有的创新制度予以一般性提炼，又要使环境保护法律系统之间有机配合、相互协调。再者，就是加快补充完善环保单行法。我国跟环境保护直接相关的部门有环保部、国土资源部、水利部、林业局、海洋局、农业部等多个部委，单行环保法律已逐渐完善，有的法律也已多次修改。但从立法目的上看，我国传统的环保立法观念多是重利用轻保护，另外还存在规定不全面不完善、立法水平和步伐参差不齐、原则规定多，缺乏可操作性、当代社会出现的新环境问题无法可依，未恰当及时修改和补充等问题。因此，下一步要在补充完善单行法的基础上，提高立法水平，增加操作细则。

五、结　语

我国改革开放近四十年来的环保法治建设充分表明了在中国共产党

的执政领导下，我国在环境立法、行政、司法等方面取得了巨大进步，在环境治理实效上有显著成就，虽然在改革中还存在一些阻碍环境治理的体制缺陷和不足，但是改革从来不是一帆风顺的，道路是曲折的，未来是光明的，在党的生态文明建设思想理念的指引下，我国的环境法治体系建设将会越来越完善，环境治理实效也会有越来越好的成果，环境建设相信在党和人民的共同努力下会取得新的辉煌。

以司法实践透视新一轮司法改革

——基于上海司法系统的员额制改革

陈　凯[*]

引　言

上海法院部署司法体制改革试点工作报告中曾提及，全面细化落实五项改革试点任务，这五项任务包括：司法人员分类管理、司法办案责任制、省级以下法院检察院人财物统一管理、司法人员单独职务序列、职业保障。上海作为此轮司法改革的首批试点单位，司法系统对改革作出积极响应。以上海检查系统司法人员分类管理为例，上海检察院实践中基本实行以案定额和以职定额相结合的员额动态管理机制。具体包括推进"跨院遴选""检察官助理遴选"，调控全市检察官员额配置；实行先定岗再入额，让不愿办案、不能办案者知难而退；把好检察官入口，在公平公正前提下确保入额检察官质量。

法官员额制改革是新一轮司法改革的重要内容，有的学者将法官员额制的构建归纳为五个基本问题：一是法官数量占比的合理性问题，二是遴选法官的标准问题，三是剩余人员的分流问题，四是法官的保障与激励

---

* 　陈凯，同济大学法学院研究生。

问题，五是审判权运行机制改革和辅助人员的配备问题。这些问题环环相扣，其中一环解决不好就有可能导致整个司法体制改革走入制度陷阱。

一、法官员额占比的合理性

很多人都有这样一种认识，中国法官的绝对数量过于庞大，从比较法上衡量，据最高人民法院司法改革小组 2002 年编写的《美英德法四国司法制度概况》介绍，英国所有全职法官总数只有 1200 名。在美国，这一人数截至 2010 年是 28906 人，在德国，职业法官人数大约在 20000 名左右。其余国家如日本，全国只有法官 3000 人左右。正是这种横向的直接对比，导致部分法院系统外部人士认为，即便保持上海市最新公布的员额比例（33.3%），中国的法官团体仍然过于庞杂。

然而，英格兰和威尔士在职业法官群体之外，有近 30000 名非职业治安法官。每年由治安法院处理的刑事案件约占英国全部刑事案件的 97%。英国大约 95% 的案件被治安法官化解。实际上，英国平均 1900 人就有 1 名法官。美国现在的人口是 3.26 亿人。美国平均 1.1 万人口拥有一名法官。但是，美国平均每个法官拥有 3 到 5 名法官助理，法院还雇用律师为其工作。每一联邦巡回上诉法院均设有公务律师办公室，雇用与上诉法院现任法官人数相等的律师。即便刨除公务律师，美国的法官数占人口比仍然很高，大约每万人中有 1.01 名法官。

德国共有约 20000 名职业法官，德国现有人口 8000 万，平均每 4000 人口就有 1 名法官。20 世纪 80 年代德国非职业法官人数共 82000 名。非职业法官任期固定，每年通常被分配开庭 12 次。相比之下，中国原有 21 万法官，实行员额制改革后，法官减少了 9 万，现有员额法官 12 万人。中国目前的人口是 13.8 亿人，平均 11500 人口才拥有 1 名法官。与英国平均 1900 人口拥有 1 名法官，德国平均 4000 人口拥有 1 名法官相比，中国法官是太少了些。中国目前的平均法官人数虽然与美国 11000 人口拥有 1 名法官相近，但是，美国平均 1 名法官配有 3—5 名法官助理，美国的上诉法院还雇用与法官人数相同的公务律师为法官服务。即使排除加在中国法官身上的扶贫、信访、会议、材料、办案请示等工作不考虑，中国法官的工作负担也是远远高于美国法官的。

通过以上比较法上的对比，可以在某种程度上提示当今中国司法改革的方案不能单纯考虑"法律人共同体"意识而一味要求司法职业团体的精英化，必须要根据基层审判实务的实际需要，认识到立案登记制下每年都在刷新的案件数量，可以想见法官的压力之大。2017 年已有 15% 的法官辞职、调离和提前退休。员额改革的良性发展必须结合案件数量、行政区划、人口密度等因素合理测算，切忌一味地缩减法官编制的数量。

二、遴选法官的标准问题

英美法系的法官是从律师中选任，而大陆法系国家和日本的司法官是国家从法科毕业生中，通过两次以上国家司法考试成绩合格者，再经过专门培训选任。司法官适用逐级晋升制，初任法官必须在初审法院任职，然后根据其业绩逐级晋升。这种晋升制度可以确保法院的级别与法官的素质相适应，高级法院的法官能够充分了解低级法院法官的工作，保证裁判的统一性，竞争机制也使法官得到了锻炼。大陆法系国家和日本强调法律职业的一体化，而英美法系国家一般实行律师、检察官和法官各自不同的选拔机制和任命制度。除了形式上的要求，遴选法官的实质标准各国基本大同小异：首先，各国均要求初任法官必须有丰富的专业知识，这是保证司法官准确公正执法的前提和基础。其次，对司法官选拔中职业经验的关注，美国大法官霍姆斯曾言："法律的生命在于经验，而不在于逻辑。"最后，是对初任法官的品格要求。各国对初任法官均要求具有高尚的品格，正如日本学者大木雅夫所说："法官非有良知不能表现出正义。"

我国过去一轮的司法改革在一定程度上吸收了其他国家的某些经验，其中之一是从律师和学者中遴选法官。但是这一沟通机制目前并未发生太多效果。应当说法官团体和律师团体虽然具有专业上的近似，但是在职业要求、思维方式和利益模式上却存在差异。两类共同体之间往往还存在身份认同方面的准入难题。另一方面，中国律师队伍也存在良莠不齐的情况，部分优秀律师由于经济压力较大，短时间内很难有转业考虑，所以说，在这一轮司法改革中必须把好准入关，使司法机关成为优秀律师和法学家的接收站。

准入是问题的一个面向，而问题的主要方面是现有司法队伍的分流问题，即谁有资格脱颖而出。实行司法人员分类管理后，根据员额制度重新确定法官、检察官员额，意味着一部分不适应办案要求的法官、检察官将被分流到其他部门或退出司法队伍。而且谁能入额谁不能入额完全带有很大的偶然因素。很大程度上取决于这个院的"历史包袱"，有的院老同志多，审判员、检察员多，年轻人就要被牺牲掉，有的院老同志少，审判员、检察员少，工作七八年以上的年轻人入额的机会就多。这种现象在基层法院和检察院尤为典型，不少年轻法官和检察官由于法院和检察院的员额制改革，不得不接受助理职位甚至是行政职位，这导致了行业中出现很多的负面情绪。不少人选择离开工作岗位谋求新的发展，2013年，上海法院辞职的法官超过70名，较2012年有明显增加。据调查，这部分离职法官多为35岁至45岁的高学历男性，法学功底扎实、审判经验丰富，不乏中级法院副庭长之类的业务骨干。某基层法院有10名法官离开法院，其中某庭甚至出现"集体出走"现象。此前5年，上海每年平均有67名法官"出走"。司法队伍员额制背景下的离职现象看似"悖论"，却值得思考，一方面要将"让优秀法官受惠"作为法官员额制改革一以贯之的逻辑目标，另一方面"不患贫而患不均"就意味着公平透明的选拔环境是维持司法队伍行业信心的关键问题。

三、司法改革的学理和现实

朱苏力教授在最近的一篇文章中指出，中国法学人与法官各行其是，法律人不了解不关心法院系统的实际需求，不了解司法改革的实际需求。实际上，脱离实际是法学研究的通病，正如福柯所言，研究权力的最好办法是在权力的极限，在它的最后一条线上抓住权利，在那里它变成毛细血管。因此研究中国的司法改革，就必须研究基层司法机关的实践，中国基层司法实践又和中国基层社会的习惯规则有着千丝万缕的联系。

与员额制改革休戚相关的立案登记制改革提供了透视基层司法现状的一个角度。立案登记制改革造成基层法院需要面对大量的纠纷，但实际上，这并不意味着法院有能力，甚至是有必要解决这些纠纷。法院不受理某些纠纷是很好理解的，如果强势的政治权威因为政治原因法院介入纠纷解决过程中，那么法院几乎就没有不服从的空间。有些案件并不涉及政治上的要求，只是因为司法的介入甚至会产生激化矛盾的作用。典型的案件就如《秋菊打官司》里的秋菊，她怀着让村长赔礼道歉的目的诉诸法院的支持，换来的却是与其目的截然相反的解决方式，这使得司法处在一种尴尬的境地，所以对这类案件法院往往拒绝作出裁判，或者作出的裁判并不涉及直接的利益分配。

什么案件应当纳入司法审查应当是一种具有实际含义的技术性问题，在一个良性运作的法治社会里，立法、行政等纠纷权利手段，甚至包括仲裁、调解、协商等社会机制以及保险等市场机制，都是规划司法审查和解决纠纷的重要制度武器。法院只是正义的最后一道防线，所以理论上的立案登记制改革的构想在实际上还是一种变通了的或者修正了的立案审核制，归根到底是政策制定者不能窥见也无法避免出现政策和法律的科层消散和社会消散。

基层法官剪影：回眸改革路　展望新征程

周嘉禾[*]

草木蔓发，春山可望。40年前的春天，一场凝结着人民希望、民族梦想的改革伟业拉开帷幕，改革开放的40年，也是中国法治进步的40年。从改革开放初期立法层面的一穷二白到"八二宪法"的恢复制定，从明确"全面建设社会主义法治国家"到"尊重和保障人权"入宪，都是中国法治前行的铿锵脚步。作为改革开放春风的沐浴者，作为基层司法的工作者、建设者，基层法官更是深有体会。

梁玫法官：1988年参加工作，从审判站到大法庭

"那时候的法庭就像一个家，一方有难八方支援。"

——梁玫

1988年，是改革开放后的头十年，也就是那一年，梁老师从大学毕业进入长宁法院工作。作为刚进院的新人，梁老师被分配到街道的审判站，满怀憧憬而来的梁老师却被眼前的场景震惊了：木制的门窗，陈旧

---

* 周嘉禾，上海市长宁区人民法院法官助理。

的办公桌，几把老式板凳，外出办案的交通工具就是几辆老式大架自行车。几个人挤在一间简易房内，既是办公室，也是法庭，这就是所谓的审判站。

梁老师回忆起她的一次办案经历，那是一起群体性案件，案情大致是某国有化工厂因氯气泄漏导致附近居民受害，受害群众诉至法院要求赔偿。那个案子的原告达100多人，为深入了解群众诉求、排查摸底相关案情，法官们就挨家挨户去调查取证、核实情况。"那段时间，庭室就是家，白天在外走访，晚上回单位整理案卷、梳理案情，所有人都是如此，你能想象办公室里热火朝天、臭袜子齐飞的场景吗？"看着我因吃惊而张大的嘴巴，梁老师笑了。窗外阳光甚好，照得梁老师的笑容更加明媚，透过八楼的玻璃幕墙向下望去，青灰色大理石铺就的台阶高高地矗立着，通向庄严肃穆的大法庭，台阶上不时穿梭而过的法袍，我知道，那是匆匆赶去开庭的法官们忙碌的身影。

顾薛磊法官：1997年参加工作，从学徒到师傅

"要做一个有良心，更要有爱心的法官。"

——顾薛磊

自1997年来到长宁法院参加工作，至今有二十余年，曾经是书记员的顾老师现在已经是法官助理的带教老师了。顾老师告诉我："这些年随着社会的发展，很多东西变了，法官的培养和成长轨迹变了，传统的'一对一'带教模式已经被'法官导师制'所取代，但老一辈法官执著的办案精神没有变，在代代传承。"如今，顾老师有很多的头衔："法

官爸爸""上海市党代表""上海十大杰出青年"，要说最响亮的应当是"法官爸爸"这个称谓。

他说"法官爸爸"这个称谓是对"法官妈妈"的传承。很多年前，长宁法院有个很出名的"法官妈妈"虞雅芬法官，虞法官曾将家里采购多余的纱制口罩一针一线亲手编织成一顶蚊帐，送给抚养权纠纷案的一名孤儿。顾老师动情地说："这就是法官精神的传承，要做一个有良心的法官，更要做一个有爱心的法官。"很多年以后，总有那么一些人、一些事值得我们感恩和铭记。白血病孩子的爷爷奶奶签署遗体捐赠协议、吸毒妈妈决定捐献眼角膜，顾老师在用一个又一个案件的公正判决去传递爱心，践行他的信念：爱是一面辽阔光滑的回音壁，微小的爱意会在案件里、人群中反复折射、回响，最后变成巨大的轰鸣声。

邓鑫法官：2009 年参加工作，从"保守"到"大胆"

"我们这一批人是幸运儿，是共和国第一批入额法官。"

——邓鑫

2009 年，时间已经走到了改革开放的 30 周年，这一年上海法院首次实施大规模招录计划。法院的案件数量呈现井喷式增长，案多人少的矛盾尤为突出，急需引进新鲜血液。"我们这一批人是幸运儿，随着司法体制改革的洪流，顺利成为共和国第一批入额法官。"邓老师说，耳根泛起了丝丝红晕，但眼睛里分明透露出一股坚毅。

邓老师接着说："有人说，法官就是和事佬，法院判决就是和稀泥，这是对法官的误解。"以前，法官办案更加注重平息纷争、解决矛盾，但随着立法的健全，法官对法理的洞察更加清晰，对案件的把握更加精准，越来越多的法官判案更加"大胆"，步子迈得"更大"。法院对案件裁判尺度的把握更加精准。邓老师在审理"某平台告商户出售假冒商标产品案件"的过程中，适用了《食品安全法》10倍惩罚性赔偿，后该案被《人民法院报》作为经典案例给予刊登。制假售假现象违反"诚实守信原则"，是影响市场正常交易秩序的毒瘤，在尊重人才、尊重知识产权的今天应当采取零容忍原则。

后记：灯火常在，行者不孤

回眸改革路，展望新征程。从审判站到大法庭，变的是法庭的地点和外观，不变的是法庭的庄严和法官们的办案热情；从一对一带教到法官导师制，变的是法官的培养模式，不变的是法官对良知的坚守和对爱心的传递；从"保守"到"大胆"，变的是裁判尺度，不变的是法官对法治真理的孜孜追寻。

习近平总书记指出，"改革和法治如鸟之两翼、车之两轮"。40年的改革开放之路，也是中国法治前行之路，更是众多基层法官夙夜在公之路。他们可以很平凡，在田间地头化解矛盾纠纷；他们也可以很伟大，在审判台的铁砧上将自己煅打出锐利锋芒。他们有个共同的名字，叫"基层法官"。

最后，我想用电影《邹碧华》里面的一句经典台词来结束：灯火常在，行者不孤！

检者荣耀　改革再出发

束岑[*]

40年有多久？少年挥别了懵懂，青年迎来了成功。

回望过去的40年，墨子传信、北斗组网、共享经济、移动支付，这些让人们印象深刻的词汇，记录了中国改革开放的足迹，无处不彰显斟酌损益，调和鼎鼐的中国智慧。检察机关在这40年里，始终将对司法体制改革的责任与担当，和国家复兴崛起、人民呼吸吐纳连在一起，"择一事，终一生"这便是检者荣耀的来处。

改革如逆旅，我亦是行人。毕竟在这个催人奋进的时代，我们很难清心寡欲、安于现状，又能做到问心无愧的。2012年我进入检察系统，成为了自侦条线的一名新兵。在这5年里我越发感受到，检察干警有一身在变动不居中宁静自守的风骨。

提起"反贪"两个字，不知道反贪干警在你的脑海里是怎样的？英俊潇洒走路带风的？还是指点江山料事如神的？其实真实的侦查人员形象远没有那样的完美。相反，每个案子，承办人总是需要整夜保持清醒，突破之后仍然不敢松懈，调查取证几天几夜没有正常休息是常有的事情，在警务区你经常可以看到困极了的办案人员趴在桌子上，歪在椅

---

* 束岑，上海铁路运输检察院检察官助理。

子上睡着的狼狈模样。有一个老侦查员曾这样总结，检察院开大会，一群人激烈地争来辩去的是公诉，一群人耐心温和说着话的是控申，顶着黑眼圈、看不出情绪的，那肯定是反贪。

我们拿什么献礼改革开放四十载岁月？积厚成势最让人热血沸腾。

从夯基垒台到立柱架梁，上海检察机关始终坚持有案必查，有腐必惩的方针，陆续出台一系列关联度高、耦合性强的改革举措，充实一线办案力量，已经形成了专业化的办案机制。根据《惩治和预防职务犯罪年度报告》数据，仅 2012 年至 2016 年 5 年间，全市共立案侦查贪污贿赂案件 1649 件 2032 人，渎职侵权案件 174 件 226 人。其中立案查处的局级干部就有 29 人。反贪查案工作取得的惊人成绩来之不易，光鲜的背后从来没有绝对的顺遂。因为审讯对象的特殊，既要想方设法突破案件，又要注意当事人的安全，办案中侦查人员所承担的压力是常人难以想象的。职务犯罪案件里学历高级别高、行业精英翘楚的对象比比皆是，这常常让我们侦查人员体会到"剑未配妥，出门已是江湖"的懊恼和不甘心。没有谁天生就有一副铠甲，我们只是在每一次的挑灯夜战中吸取办案教训、总结侦查方式，竭尽全力让职务犯罪侦查的力量能够坚不可摧。

打击职务犯罪，尤其是窝窜案、集体贪腐案等涉及面广的案件，惩罚从来都不是我们的目的。开展职务犯罪预防，建立健全防腐败制度，从源头上杜绝职务犯罪的隐患才是我们不懈努力的追求。

预防工作润物细无声，没有立竿见影的效果常常得不到理解，尤其是走访一些未发案的企业，一些主要以自律为主的行业，碰壁是日常，积极协商共建之后反悔的、搪塞的、拖延的也很多，即使我们用办案时发现的经验和教训劝说告诫他们，还会有一些人心怀侥幸或事不关己，甚至有抵触情绪。至今我依旧记得年轻气盛的自己曾经被晾在办事大厅3个小时。

惩防并举不能沦为一个口号。改变开展预防工作方式，探索建立具有普遍借鉴价值的预防腐败制度体系，上海检察一直在行动。2012年起，上海检察成立工程建设、国家机关、国有企业、专家型人才、涉农惠农、民生领域6个专业化小组，聚焦重点岗位、重要环节，协助机关、企业审查廉政风险，完善特定行业治理，实现专业化预防；2013年起，向社会提供行贿犯罪档案查询，查询制度已拓展到社会组织管理、建（构）物拆除工程、消防设备器材采购、海事、出入境检验检疫、医疗机构等多个领域多个环节；2014年开展科技扶持资金使用、医疗高值耗材集中统一采购、国有企业职务消费预防等多项专题调研，推进行业治理。推动完善中央储备粮代储环节监管制度、推广建立村务监督委员会等，规范管理运行。2015年积极配合上海市人大推进预防职务犯罪地方立法工作，《上海市预防职务犯罪工作若干规定》已于同年正式实施。2016年与上海市工商联共同制定《关于加强协作、保障和促进本市非公有经济健康发展的意见》，并将通过建立工作例会制度、设立企业家法律服务工作站等措施，平等保护非公有制企业合法权益。

2018年对于每个人来说都是值得纪念的，而对于曾是反贪干警的我来说，2018年有了更多的意义：反贪污贿赂部门、反渎职侵权部门、职务犯罪预防部门的全体干警转隶。不舍的心情总是有的，但更多的是光荣，因为检察机关在惩治和预防职务犯罪方面积累的经验和成果已为国家监察体制改革更具方向性、针对性、规范性和系统性打下坚实基础，反腐败压倒性态势的形成有人民检察的司法助力。

如果说"这世界上唯一不变的就是变化本身"，那么我们人民检察唯一不变的就是坚持砥砺奋进，坚持自我革新。面对改革我们从不应付了事，我们在不变坚守中不惶惑不疑惧，在变动不居中宁静自守，始终积极投身于司法体制改革。我们不曾辜负改革开放以来的 40 年，同样我们也不会辜负这个前所未有的新时代。

如果你问我，拿什么献礼这光荣的四十载岁月？

检者荣耀，我们改革再出发！

改革之声深刻中国　中国之声震撼世界

张亚琼[*]

这是一场波澜壮阔的改革史诗，是一个全民族为之不断奋斗的中国梦想，是一段凝聚了无数劳动人民辛勤汗水的腾飞神话，更是激励我们不断前行的精神力量。

时间的齿轮飞快转动。40 年前，党的十一届三中全会拉开了中国改革开放的大幕；40 年后，中国成为世界第二大经济体，7 亿多人脱离贫困。40 年来，中国"摸着石头过河"，完成了从计划经济体制到社会主义市场经济体制的转变。2018 年，中国迎来改革开放 40 周年。随着中国特色社会主义进入新时代，我们的改革定力、历史经验、理论创新、制度建设、实践方略也都进入了新境界。今天，全面深化改革开启了新的时间，开启了一个古老民族向着伟大复兴的新征程。

岁月不惑，春秋正隆。改革之声深刻改变了中国，中国之声深刻影响了世界。顺应了中国人民要发展、要创新、要美好生活的历史要求，契合了世界各国人民要发展、要合作、要和平生活的时代潮流。

全球首颗量子科学实验卫星"墨子号"在酒泉卫星发射中心成功发射发出了量子通信里程碑之声，书写史诗。

---

* 张亚琼，上海市杨浦区人民检察院司法行政人员。

综合性达到世界同类舰艇先进水平的新型万吨级驱逐舰首舰发出了海军实现战略转型发展之声，气势恢宏。

由中国铁路总公司牵头组织研制、达到世界先进水平的中国标准动车组"复兴号"首发发出了完全自主知识产权之声，豪气驰骋。

属于中国人的真正意义上的太空望远镜首颗 X 射线天文卫星"慧眼"发出了在空间高能天体物理领域自主观测数据之声，震撼苍穹。

我国自主研制的新一代喷气式大型客机 C919 在浦东机场起飞发出了中国的商业航空梦想之声，展翅翱翔。

中国海域首次可燃冰试采成功使我国成为全球第一个获得连续稳定产气的国家发出了重塑世界能源政治格局之声，燃势磅礴。

首艘国产航母的下水发出了国家的军事建设迈向一个新的里程碑、维护世界和平之声，大国崛起。

一带一路、亚投行、G20 杭州峰会向世界发出了促进共同发展、实现共同繁荣合作共赢之声，大气天成。

全长 55 公里，目前世界上最长的跨海大桥港珠澳大桥发出了世界经济版图上又一个闪耀的经济增长极之声，巅峰之作。

226 座隧道、396 座桥梁连起的一条"世纪铁路"发出了大路朝天中国智慧攻克道道险关之声，创造之最。

······

中国桥、中国路、中国车、中国港、中国网，一个个圆梦工程铺展宏图震撼发声，它们奏响人民走向幸福、美好的希望乐章，编织起中华民族伟大复兴的中国梦。

中国梦的实现，离不开法治的保障。我们在中国特色社会主义法治道路上，攻坚克难、砥砺而行，不断谱写全面依法治国的崭新篇章。随着司法体制新一轮改革的深化，优化检察权运行机制，完善检察官绩效考核机制，稳步推进内设机构改革，规范司法行为……我们发出了努力让人民群众在每一个司法案件中感受到公平正义之声，字字铿锵。

身为一名检察干警，在司法体制改革进程中，更是深切感受到了公正高效权威的社会主义司法制度，看到了一名又一名立检为公、执法为民的人民检察官。

高某某是一名参与寻衅滋事案的犯罪嫌疑人，公安机关对其提请了批捕。检察官在仔细核实有关证据，认真听取辩护律师的意见后发现，高某某是为了解决朋友之间的纠纷而与被害人产生矛盾的，此前无前科，认罪、悔罪态度良好，案发后积极赔偿被害人损失并取得被害人谅解，未婚妻还在老家等着他一周后举办订婚仪式。综合审查案件情况，最终检察官作出了不批准逮捕高某某的决定。这既是司法机关坚持打击犯罪与保障人权并重，贯彻宽严相济刑事政策中的生动案例，也是中国司法理念发展和进步的最佳诠释。

民营企业华平公司在判决生效后申请执行逾一年未成功，向人民检察院申请监督。检察官通过细致沟通、多方协调、依法监督，在人民法院的主持下，促使执行双方当事人在15天内即达成和解协议。这是检察机关细致监督促成和解，反复沟通化解矛盾，充分发挥检察职能，有力维护创新创业主体权益的成功案例。

只有回首过去，我们才知道自己已经走出多远。"我们要赶上时代，这是改革要达到的目的"，邓小平当年如此期许。改革开放40年，中国已经从过去那个现代化的"迟到国"变为现代化的"实践中心"，从当年经济面临崩溃的"欠发展国家"，成长为"最有活力的新兴经济体"，民族复兴迎来了光明前景。以世界坐标审视，过去中国是跟跑者，而今中国是"世界上最大的经济和社会变革的实验室""让全世界仰望的'北极星'"。举世瞩目的中国奇迹和中国经验，丰富了世界关于现代化路径和"理想之治"的认知。为什么改革开放被称为"伟大觉醒""活力之源""重要法宝"和"必由之路"，不言自明。

40年物换星移，岁月如歌。新的起点，新的征程。展望未来，中国将凝聚起亿万人民力量，纵深推进改革开放，奋力实现中华民族伟大复兴的中国梦。

我与司法行政共成长

万恩标[*]

人生是短暂的，但人生可以实现的社会价值却是无限的，只要不愿碌碌无为，只要不甘平庸，总可以让人生放射出应有的光芒。

我出生在三年困难年，这是无法选择的，但大学毕业，我到司法行政系统工作，这是我自己选择的。1983年我到杨浦司法局报到，成了"文革"后第一批到司法行政系统工作的大学生，从此就一直和司法行政系统没有分离过。

记得刚当律师那会儿，上海全市律师只有二百多名，市司法局制定了一个五年规划，要在五年内将律师人数发展到一万人，这在当时确是一个宏伟蓝图。改革开放呼唤着法制建设，从中央到地方，对法制建设高度重视，邓小平同志提出经济建设为中心，也为律师施展才华提供了重要的平台。在20世纪90年代，律师事务所还分市属所和区属所，每个区也就一两家律师事务所，主要的业务也就是婚姻家庭、企业三角债、常年法律顾问等。人生就是拼搏，我给自己定了一个小目标，力争区属所的第一。在区司法局领导的支持下，我带领华联律师事务所的律师，开拓了海事海商，石油能源等新型的法律服务领域，各项业务指标

---

* 万恩标，上海市司法局审计处处长。

都名列全市区属所的第一，市司法局和市律师协会也给予我们鼓励和关心，给了我"上海市优秀律师"的荣誉。到 20 世纪 90 年代末，上海司法行政开始了一次重大的改革，将国有制的律师事务所改制为合伙制的律师事务所，这在司法行政中具有里程碑意义。改革肯定会涉及一些利益，但这是传统律师向现代意义律师行业迈进的重要一步。也是计划经济向市场经济过渡中的重要一环。当时我在区司法局工作，我们反复宣传党的政策，并在具体措施上做好人员、资产等处置工作，让律师们在脱钩后无后顾之忧，可以更自主地开展法律服务工作。

2001 年我根据组织安排，到上海市律师协会工作，我的梦想也是要做全国律师行业的排头兵。在律协理事会和会长们的支持下，在市局领导正确领导下，我和秘书处同志聊梦想，谈理想，大家鼓足干劲，众志成城，从制定章程到建立行业规则，从传统业务的改革到高端业务的扶持，从协会杂志的改革到律业网站的发展，我们在市局党委的领导下，配合理事会高效工作，形成了"议、审、决、监、行"的一套行业管理体制，根据司法部和市司法局部署，章程规定会长必须由专职律师担任，这又是一次律师行业的重大改革。由于会长和理事会成员都不是坐班制，所以秘书处的责任格外重大。我们既不能越权也不能缺位，既要当好参谋也要负责执行，既要负责落实局党委的中心工作，也要负责行业的具体事务，秘书处是整个行业运转的中枢。在市局党委的支持下，经过我们大家的共同努力，上海的律师行业蓬勃发展，牢牢占据着全国同行业的龙头地位。2011 年，上海律协率先公布了全国第一份"律师社会责任报告"，上海律协出经验、出思路，赢得了全国同行的认可。

2015 年，我到司法局审计处工作，这对我是一个全新的挑战，一个学法律的，对审计业务一窍不通，想从头学起，又年岁不饶人。但我深深认识到，现在的审计工作不同于以往，尤其是我们进入了中国特色社会主义新时代，内审工作要深刻理解和把握新时代的新特点、新使命、新部署、新要求。市局党委在 2018 年召开了市局系统审计工作会议，充分展现了市局党委对审计工作的重视，要求我们应审尽审，凡审必严，严肃问责，这也是我们局系统最高规格的一次部署，也是我们局系统内审条线的一件大事。虽然对审计业务不熟，但我们有一个非常好的团队，我们共同努力，一定会完成好市局党委交给我们的任务。

2018 年是改革开放 40 周年，40 年来，我们司法行政方方面面都取得了丰硕成果，各条战线都有了重大的发展。我相信，在习近平新时代中国特色社会主义思想指引下，"两个一百年"的奋斗目标一定会实现，中华民族伟大复兴的梦一定会实现。

与司法行政共成长，也一定会与司法行政共收获。

"助"法律学子 "筑"法律人才
"铸"法律梦想

韩景南[*]

2018 年是我们的祖国改革开放 40 周年，也是华东政法大学复校 40 周年，我的父辈是新中国的同龄人，而我是华政复校和改革开放的同龄人。我的前半生记录了从咿呀学语到金榜题名，从步入社会到成为母亲；而华政的 40 年记录了从褪去芳华到成功复校，从发展与跨越到创新与追求；而我国改革开放的 40 年也记录了从南海划圈到设立特区，从开发浦东到香港回归，从依法治国到"一带一路"倡议这些历史性的里程碑，而我正是这一切伟大成就的一名见证者。

我想和大家分享一下以我作为一个普通高校工作者的视角所接触到和感受到的改革开放对我工作和生活的影响。我是一名少数民族教师，在学校党委统战部的带领下，我们少数民族教师和少数民族同学都进行了结对。我结对的同学中有一个是新疆的阿娜尔，她家里经济条件不好，兄弟姐妹也多，父亲年纪轻轻就心脏不好，经常住院。考上华政的喜讯并没有让她开心太久，她就背负着这些沉重的包袱来到了高速发展的大上海。来到这里她显得格格不入，因为她汉语不好，有些比较晦

* 韩景南，华东政法大学社会协同合作处（校友办）基金会负责人。

涩难懂的课，例如《逻辑》《古汉语文学》课，对我们从小学汉语的人来说都有些吃力，她听得像天书一般。还有英语、计算机，这些课都让她心急如焚。情绪低落的她甚至想到了退学，想回新疆做一名法官的梦想就要破灭了。对于少数民族新生要让他们尽快融入集体，帮助他们树立正确的人生观、价值观和中华民族共同体的意识，这一点尤为重要。通过接触我发现了她的无助，绝望的深邃双眸里满含泪水。为了能帮少数民族同学摆脱困境，我和学校民族联的丁会长一起向党委统战部寻求帮助，党委统战部高度重视，不仅帮助少数民族同学积极申请上海市"阳光育人"少数民族奖助学金，还在校内多次召开协调会，教务处开办了少数民族学生辅导班，对逻辑、外语、高数等有难度的课程均约请名师小班辅导，但是在期末考试的时候并没有对他们降低要求；学生处对民族学生申请奖助学金制定了帮扶政策；党校对积极提交入党申请书的少数民族同学重点关注；全校各职能部门积极联动、互相配合，默默地助推每一位少数民族学生实现他们的梦想。

转眼大四毕业季，阿娜尔光荣地成为了一名党员，而且她还考取了新疆喀什法院的公务员。她灵动的双眼同样是满含泪水，但是这一次她却拥抱着我泪中带笑地对我说："韩老师，这4年，我特别感谢学校和老师们的培养，是华政改变了我。请老师放心我一定把这里的友善带回新疆，而且用自己在华政学到的法律知识公平公正地办理好每一个案子，为母校争光！"

阿娜尔同学只是少数民族同学的一个代表和缩影，他们通过自己的努力和学校的民族政策的保障，顺利毕业，实现了自己的梦想。随着改革开放的不断深入，特别是党的十八大以来，民族地区对于法制工作越来越重视，对于法律人才的需求量日益增长，我们许多民族校友成为了民族地区法制工作的中坚力量，他们有的在新疆政府办公厅工作，有的在西藏已经成长为当地知名的大法官。他们可能性别不同、民族各异，但是他们都是在各自的工作岗位上默默地以自己平凡的努力、踏实的付出实现着自己的法律梦、家庭梦还有我们的中国梦。

记得在一次民族工作协调会上，分管统战工作的校领导曾经说过："我们应该尽我们的力量温暖每一位少数民族学生，让他们把在学校学到的法律知识和我们的善意和爱一同带回家乡，像星星之火一样去传播正能量，感染身边的每一个人，这才是一个法律院校所应该培养的法律人才的社会责任和担当！"

民族团结与社会稳定、法治建设与改革开放，这些词语听起来离我很远，但当民族同学与大家亲密合照时，当民族同学如鲜花盛开般的笑容接过华政的毕业证书时，当民族同学通过微信向我分享他们工作中的成绩时，当民族同学的家乡在经济发展和改革开放中取得巨大成就时，这些抽象的词语却又是如此地生动和栩栩如生。我为出生在这样一个强大的祖国感到骄傲，我为生活在这样的太平盛世感到自豪。

> 忆往昔，峥嵘岁月，百折不挠！
> 看今朝，改革开放，气势磅礴！
> 望未来，春风万里，国富民强！

年少无问心何处，回首十年若初识

王　舒[*]

2008 年，在改革开放第 30 个年头，她怀着憧憬和法学理想，在最绚烂的年华里，走进了上海市奉贤区人民检察院，与侦监工作相遇。那时她并不知道，这一遇便是十年。

人生若只如初见，当时只道是寻常

步入 21 世纪以来，上海刑事案件持续上升，尤以 2003 年以后每年均以两位数（百分比）递增，但从事刑事检察业务的干部数量都基本没变。面对《律师法》的修改和实施，司法体制改革步伐的不断加快，公民法律意识的不断觉醒，社会主义法治理念的不断深入，刑事检察工作在新的形势下如何再发展是检察机关必须面对的重要课题。

她初见侦监工作，第一直观感受就是工作节奏快，只是那时还不知道什么叫快而不乱。她的带教检察官一面要求她"办案子要独立思考"，另一面又会自己再把案件审查一遍，指出她没有发现的法律问题、证据上的细节，一遍又一遍，她终于知道，7 天的时间，对侦监检察官

---

* 王舒，上海市奉贤区人民检察院侦监科副科长。

们来说就是要精准地找出每种案件的关键问题，抓住主要矛盾、守住底线。

衣带渐宽终不悔，为伊消得人憔悴

2010 年出台的"两个证据规定"是我国司法制度的重要发展，它诞生在发生了"赵作海"等一些重大冤错案件之后，其目的是显而易见的，就是要通过建立刑事证据规则来防止冤错案件的发生。"两个证据规定"在一定程度上改变了侦查、审查起诉和审判的证据要求，特别是对侦查、公诉部门的追诉犯罪带来一些新的规范和限制，冲撞和挑战在所难免。

对她而言，审查案件中集团案件、疑难复杂案件、首例案件开始增多，大量的对比证据、理账工作开始成为家常便饭。亦步亦趋就会越来越被动，越来越举步维艰。她在独立办案中慢慢懂得：侦监，并没有那么简单，侦监工作要有前瞻性，需要在前期的甚至是"粗糙的"侦查工作中对刑事案件走势作出准确的预判。这一点也是侦监工作与公诉工作主要的区别。在她为了侦监衣带渐宽的日子里，她也曾哭泣、也曾烦躁，但最终还是走上了"女汉子"的道路，且越走越远。她还记得林寿等 45 人合同诈骗案，这个案件涉案人数多、层级多且身份作用均有不同，有大量的电子数据、台账等证据材料，两次经市检察院侦监处提前介入、奉贤检察院捕诉联动讨论，法律认识分歧仍然较大。案件审查逮捕期间，由于一些嫌疑人关押在青浦、虹口看守所，她跟搭档白天奔波跑市区提审。到了晚上，由于审查中发现了一个新的关键点，经特批，她晚上又跑到奉贤看守所提审。而梳理证据、制作审结报告这些工作几乎都是在深更半夜完成的。她查实了该新的辩解点，故而大多数嫌疑人均达不到逮捕证据标准，只能作出存疑不捕的决定。她耐心释法说理，最终顶住了压力守住了法律的底线。此案承办人员也就只有她和她的搭档两个人，审限也依旧是 7 天。夜以继日、用尽洪荒之力的 7 天，她至今难忘，虽然疲累，但满满的成就感。

一窗春草无穷意、义理钻研到粹精

到了工作的第 6 年之后，她感觉此时仿佛经验已经足够丰富，仿佛各种案件都已办过，出现了职业倦怠期。在奉贤区人民检察领导和市院领导的关怀和帮助下，她明白了"深耕细作"的重要性。其实，当时她的办案经验距离登峰造极还很遥远，对于案件持之以恒的审慎之心更加不够。"在证据的细节中找出法律的答案"或许是她初进侦监就知道的道理，但是当时还远远没有融进办案的血液中。

李克强总理反复强调弘扬大国"工匠精神"，其实中国的制造业历史悠久，从不缺乏能工巧匠，如今在工业 4.0 时代要实现弯道超车，赢得世界的尊重和消费者的信赖。检察工作亦是如此，一代又一代的检察人，特别是多年从事一线工作的老同志，以不忘初心的精神，践行着高度负责、细致清晰的案件审查和说理工作。这种精神令人肃然起敬，对她影响深远。踏实沉静，警惕职业倦怠，使她走过了这个职业生涯的瓶颈期。

青墩溪畔女捕头，独立东风看牡丹

2018 年，已经是她到奉贤区人民检察院工作的第 10 个年头，也是改革开放的第 40 个年头。走过相遇相知、相搏相爱，历久弥新。10 年检察工作，带给她的不仅仅是快速准确处理法律问题的能力，更加在实践中践行了她对保障人权、打击犯罪的信念。作为奉贤区人民检察院侦监团队的一分子，在这个充满朝气、激情的队伍里，她收获了友谊、荣誉、信任、坚持，这些东西是最为丰厚的收获。感谢侦监工作，它将是她一生的财富。浩渺行无极，扬帆但信风！10 年侦监路，她还将砥砺奋进！

党的十八届四中全会开启了全面依法治国的法治中国梦，司法体制改革、审判为中心的诉讼制度改革不断深化，在波澜壮阔的改革大潮中，检察工作发展面临前所未有的机遇和挑战。青年检察官是检察队伍中最活跃、最有朝气、最富创造精神的生力军，承载着检察工作的未来和希望。在新的 10 年，她要再上一个新台阶，带领更多的青年干警在检察工作发展中展示新风采、争创新业绩、施展才华、建功立业，在检察工作中绽放绚丽的青春之花。

前行中的上海矫正

朱博文[*]

2018 年 3 月，司法部副部长刘振宇同志在接受媒体采访时表示"社区矫正立法还有'最后一公里'"。社区矫正立法，是每一名社区矫正工作者始终期盼的。回望过去的 15 年，上海矫正始终在期盼中前行，在前行中不断探索。

一、出发，成为发轫的上海矫正

让我们把时间拨回 2002 年 8 月。时任中央政法委书记罗干同志在司法部《关于改革和完善我国社区矫正制度的研究报告》上作出批示，提出在现有法律许可的范围内先行试点社区矫正工作。此时的上海，已经酝酿许久，在罗干同志作出批示的第一时间，就在徐汇区斜土路、普陀区曹杨新村和闸北区（现静安）宝山路三个街道拉开了社区矫正试点的序幕。这就是中国社区矫正的发轫。

经过 4 个月的实践以及大量的调研、讨论，在 2013 年 1 月，由上海市委政法委牵头，市公安、检察院、法院、司法局、监狱等多部门共

---

[*] 朱博文，上海市杨浦区司法局殷行司法所司法助理员。

同参与，将试点范围扩大至徐汇、普陀、闸北（现静安）三个区。同年7月10日，最高人民法院、最高人民检察院联合下发《关于开展社区矫正试点工作的通知》，上海成为全国首批社区矫正工作试点单位之一。2004年12月，上海社区矫正试点范围扩展至5个区。2009年，社区矫正工作在全市全面推开。

在这6年的时间里，上海以其创新的理念和法治的精神，始终在探索一条符合中国国情、具有上海特色的社区矫正道路，先后出台了上海市《关于贯彻落实〈社区矫正实施办法〉的实施细则》、上海市社区矫正管理局《关于刑罚执行工作管理若干规定》等若干符合上海社区矫正工作实际的管理办法，形成了由司法所、社区派出所、居（村）委、社会志愿者组成的"四位一体"矫正小组工作模式，践行刑罚执行与适应性帮扶相结合的"教育、感化、挽救"矫正方针。

二、发展，走在前列的上海矫正

经过6年的发展，上海已经形成了一套较为完备的地方性社区矫正法规，但在各项工作稳步开展的同时也遇到了瓶颈，矫正立法的缺失让矫正工作的未来变得扑朔迷离。

情况在2013年发生了变化。2013年11月，党的十八届三中全会顺利召开，会议通过了《中共中央关于全面深化改革若干重大问题的决定》，决议中明确提出，要"健全社区矫正制度"。2014年4月，习近平总书记在听取司法部工作汇报时明确指出，社区矫正已在试点的基础上全面推开，新情况新问题会不断出现。要持续跟踪完善社区矫正制度，加快推进立法，理顺工作体制机制，加强矫正机构和队伍建设，切实提高社区矫正工作水平。

习近平总书记的重要指示以及决议内容，为上海社区矫正指明了发展方向。

之后的4年里，上海矫正进入了一条快车道。

社区矫正队伍不断壮大。上海的每一个司法所都配备了具有法律专业知识的社区矫正专职干部，以专职干部为中心，辅以社会工作者，形成了一支职业化、专业化的社区矫正队伍，并加大了物质、经费保障力度。社区民警、居村委干部积极配合司法所开展社区矫正工作，形成了一股不可或缺的支援帮教力量。2014年，上海从戒毒局抽调了一批具有丰富管理经验的戒毒民警投入社区矫正工作，组成了一支矫正民警队伍，进一步提升了矫正队伍的整体管理能力，为上海社区矫正总体局势的安全稳定又筑起了一道安全防线。

除了人员、经费保障外，上海在硬件上不断完善，用科技武装社区矫正工作。如今，无论走到上海哪个区，我们都能找到一个叫做"社区矫正中心"的功能场所。这就是上海社区矫正硬件建设的一个缩影。在社区矫正中心里，报到室、宣告室、训诫室、心理咨询室等功能性办公场所一应俱全，专职干部、矫正民警、社会工作者、心理咨询师人员配备整齐，电子大屏幕、查询一体机、信息指挥中心无处不显示出科技化管理的影子。中央政法委书记孟建柱同志曾指出：要善于运用现代科技手段，进一步提高社区矫正工作水平。上海矫正正是充分利用了上海科技化大都市的有利优势，从2014年起先后创新性地运用电子监管系统加强社区服刑人员定位管理，推广移动执法仪规范社区服刑人员报到、教育、社区服务管理，在区县司法所布置布控球、单兵执法仪保障场所执法安全，研发社区矫正工作管理系统、社区矫正移动管理平台等电子化办公信息平台，与上海市高级人民法院、高级人民检察院、市公安局、市监狱局等多家单位签署了各类矫正相关的规范性文件，为规范社区矫正执法程序，提升社区矫正管理效能提供了有力的保障。

三、再出发，不断探索的上海矫正

"穷则变，变则通，通则久。"上海矫正工作要想始终走在全国前列，变革是唯一的出路。2018年，根据时任司法部部长张军同志的指示，上海矫正开始了一场变革：矫正小组改革。矫正小组改革从字面上看是一个小团队的改变，但在其深层次里，考验的是上海在发动全社会共同参与社区矫正工作能力，是关系到社区矫正工作能否更上一个台阶的关键环节。上海矫正正在努力探索，上海也必将以其公正，包容，诚信，责任的城市价值为上海矫正创造良好的城市环境。

人所能负之责任，我必能负；人所不能负之责任，我亦能负。随着社区矫正立法已经进入"最后一公里"，社区矫正工作的春天即将到来，吾辈亦将不忘初心，砥砺前行，为上海矫正事业添砖加瓦。

法治 20 年

徐明月 *

改革开放以来已有 40 年，前 20 年对于我来说只存在于文字，长辈口中。我亲身经历的是后面的 20 年。

我还记得 4 岁时，大上海的马路上，还没有隔栏，过马路全是横穿。后来隔栏拔地而起，低低矮矮的，过马路依然横穿，只是多了些技术。女士们小跑着进入车道，在围栏前停住，思索一阵，先跨入一只脚，骑坐在栏上，再跨入一只脚，站在两栏中间。再以同样的方式跨出另一条围栏。矜持而淑女。男士们则先看左右来车，找到空当，便往前冲，冲到栏前，手一撑，双脚收起，一个完美的起跳，跑酷般的行云流水，转眼便在隔岸向我们投来嘲弄的眼神了。

我住在申城边缘，镇上的孩子。那时候的郊区小镇，毫无交通法规可言。我甚至亲眼目睹了一场车祸。旁边的大人捂住了我的眼睛却不知我眼中已经充满了红色。

那时起，镇上的交警多了，学校，镇上，都在发放宣传手册。越来越多的教育告诉我们红灯停绿灯行，不翻护栏，等等概念。

现在，大上海的高楼林立，小镇的公路基建却没有太大变化，只是

---

* 徐明月，上海政法学院学生。

更多的，在路口看见了不是爷爷奶奶拉着小朋友闯过红灯的马路，而是小朋友们拉着爷爷奶奶，停在红灯的路口。

我想申城的法治建设也是如此吧。

看看年轻人为什么梦想着上海，不是因为她的纸醉金迷，不是因为她的繁华不夜，我们真正向往的，是上海公正平等的发展环境。而这样的公正平等，来源于我们 40 年间发展起来的法治政府建设。

仅在上海市人大常委会就围绕 2014 年审议法规草案 20 件，表决通过其中的 13 件。建立中国（上海）自由贸易试验区是国家在新形势下构建开放型经济体制的战略举措，上海人大常委会把制定《中国（上海）自由贸易试验区条例》作为年度工作的重中之重，健全人大主导立法的体制机制，制定《加强立法工作组织协调的规定》和《进一步加强民主立法工作的规定》，深入推进行政审批制度改革，取消和调整审批事项 844 项，对保留的市级审批事项全面实行标准化管理，率先完成审批涉及的评估评审清理，大幅缩小政府定价范围，政府定价管理项目从 108 个减少到 53 个。

如今，我们看到的是运营良好的自贸区，严于律己的政府，精简的政府职能。

这些都是改革开放后，上海这座城市给世界带来的惊喜。也是上海人喜闻乐见的改变。

父亲经历过"大锅饭"的时代，他常说，要是没有邓小平，不知道中国还要苦多久。

历史的经验告诉我们，一个社会的进步，最主要的便是体制的改革，在当今这样的民主社会中，应当且必须是要通过立法的完善达成的。

当我们深夜在上海的街头享受这个城市独有的宁静时，当我们在小巷中因为伤心事而哭泣时，我们没有顾虑，完善的法治建设和法治思想的宣传，让犯罪发怵。当我们产生纠纷有理说不清时，我们没有顾虑，上海近2000家律所是我们的后盾，法庭是我们说理之处。

初中时，家住闵行，经常能看见在莘庄地铁站有普法的公益活动，法律工作者一个个黑色正装，摆上桌子，立起广告幅，面上带着笑，挨个回答阿姨爷叔的问题，还发放普法手册。

上了大学才知，那些看起来十分厉害的"黑西装"其实都是学生，老师带着学生普法，让我们学习的法律真正有地方可用。也让普法工作变得更有意义。锻炼未来法律工作者的同时，也回馈了社会。

在学校，法的学习也不仅限于法学生了，大学生安全教育，军事理论，法相关话题无处不在。对于法学生，模拟法庭的竞赛开展也让法律懵懂期的我们进一步了解程序，了解法庭，了解法律。

改革开放40周年。仅在我参与的20年，申城的变化就如此之大。如今申城的法治工作仍在进行，我相信这座城市，这个国家，法治进步的步伐永不停歇。

从上海到上海的距离

狄子淳 *

作为乡下的孩子，魔都上海的名字对我有无尽的吸引力。进入大学之后，才发现上海的庄严与尊贵与这座城市背后的、见于日常而藏于人心的某种东西相连，这与东方明珠无关，与流光溢彩的外滩无关、与人头攒动的南京路无关，即便你去看一个修车的大爷，也能感受到他背后隐含的某种尊严。"没带钱？不要紧，下次来记得把钱补上就行。"——大城市有大城市的气度。他言语间流露出的不仅是一种信任，更是一种霸气，因为这儿是上海。

于是我开始寻找，寻找支撑这座城市的精气神。慢慢地我发现，它叫法治，就藏在从上海到上海的距离中。这距离首先体现在空间上，从中北到闵行，坐校车要一个小时，如果运气不错，路上总是能碰见堵车。金沙江路上的汽车从视线所及之处开始蜿蜒，一直延伸到目光所不及的拐角处。一切都已仿佛置于某种无名的意志下。它们秩序井然地排着队。没有人想要超车，没有人骂骂咧咧，更没有旁门左道可走——大城市有大城市的规矩。

总以为在这样一个诚实守信蔚然成风，规则意识深入人心的城市

---

* 狄子淳，华东师范大学法学院学生。

里，法治是一件理所应当的事，直到我见到这幅景象时，我才知道我错了。剑川路金平路到瑞丽路一段，零星地散落着几间破瓦房，土灰色的毛坯上还依稀有一些"拆"的字样。和宿舍的阿姨闲谈时了解到，那一带的拆迁是多年前的事儿了。我便问"那里的钉子户十多年了还不肯走吗"？阿姨说："那地方拆迁的时候，出过事儿……"便不再往下讲了。我隐隐地猜到了答案，心中无比震惊，怎么也不敢想象，那只有在电视上出现的桥段，居然在这里真实地发生。于是问："这种事在上海也有吗？""有，那时候多着呢。"后来反复琢磨，才发觉这几个字蕴藏着无尽的辛酸，我相信这份辛酸不是阿姨一个人的，而是每一个过来的上海人的共鸣。后来上访的人多了，拆迁队的人也不敢来了。于是这些破砖碎瓦就被保存了下来，诉说着历史的印记。

今天的上海，再也见不到强拆强征的闹剧。2016 年的《上海市房屋拆迁管理条例》让我们自豪地说，上海的法治领跑全国：我们有系统的地方性法规与上位法无缝对接，我们有完善的执法章程规范权力行使，信息公开已经全面开展，听证监督亦是屡见不鲜，网约车平台变得规范了，生活环境变得美观了……

我们不一一列举一路走来的艰辛与荣光，因为梦想还来日方长。作为上海精神的一部分，法治的未来将走向何方？我在另一种距离中找到了答案，这种距离存在于他乡之客和地主之谊之间。

有一天，我去医院看病，那时已经是下午 4 点多。轮到我时，天色已经暗了下来。女医生叫我去做 CT 检查。放射科已经没什么人了，最后两名医生也准备往外走。我赶紧把单子递给医生，正要开口说话，外面冲进来一个气势汹汹的男人，操着一口听不懂的上海话，对着医生一顿叽里呱啦。我被这阵势吓了一跳，幸好这名患者马上被一位医生拉到一旁安抚，我问另一名医生，还能做吗？医生说，按规定超过时间机器不能再开了。我急了，我知道上海的规矩是没有你讨价还价的余地的，正要开口，医生又说，不过你来了，不能让你白跑一趟，你进去吧。等我出来，那个凶巴巴的男人已经在外面老老实实地等着，我问医生怎么回事，医生说，他想插队罢了。这时门诊的女医生也下来了，直接在电脑上看报告，省得我来回跑。我心里一热，这里的医生真的是想病人之所想。无论你是上海人，还是外地人，都会平等地被尊重，被关怀。这样的医患关系就像一壶中药，温暖人心。自此我对这座城市有了新的观感，她不仅有宏大的气魄，而且有对每个平凡的个体细致入微的关怀，这种关怀能消解异乡人与这座城的距离，无论你是长期定居，还是匆匆过客，她都能给你家一般的温暖。

我不知道这些医生是否学习过《执业医师法》，但是我知道他们在用行动践行着希波克拉底宣言。就在这些人们的良善的自发行动与自律中，更加细密的规则在慢慢地生长。也许就像霍姆斯所说，法律的生命不在于逻辑而在于经验。在全面深化改革的当下，我们需要国家主义对法治的大力弘扬，更需要人民群众在日常生活中以一致的行动、良善的风俗续写法治的乐章。而关注人民群众对于国家法治建设的良善回应，是我们每个法律人的责任。

做法援时曾经有一位老奶奶问我，法治是什么？我回答说，法治就是人们自觉地按照那些给人以尊严和温暖的规则去生活。你看买东西童叟无欺是法治，过马路排队有序是法治，和谐的医患关系也是法治。从松江到崇明6340平方公里的土地上，法治的故事在不断上演。从改革开放到党的十九大40年间，法治的旋律每天都在奏响。穿越从上海到上海的距离，法治的画卷在徐徐展开……

持一颗本心　守一份情怀

——记上海市深化人民监督员制度改革选任工作

刘元元 *

2016 年 11 月 16 日到 2017 年 2 月 16 日，整整 3 个月的时间，上海市深化人民监督员制度改革选任工作从正式启动到选任完成，作为一名普通的工作人员，我有幸参与其中，度过了 90 个无比繁忙、无比充实的日子，回望当时种种，摸着石头过河，每走一步之小心谨慎、之志忑艰辛，所涉事项之繁杂琐碎、之千头万绪，非亲历者不能体会。谨以此文，献给上海市司法局法制处曾同舟共济、共度时艰的同事们，献给那些在平凡的岗位上持一颗本心，守一份情怀，尽一己之力，勉力付出的公务员同志们。

完善人民监督员制度是党的十八届四中全会提出的重要任务，深化人民监督员制度改革是司法体制改革的重要组成部分，为此，在先行试点的基础上，2015 年 3 月，经中央全面深化改革领导小组第十次会议审议通过，最高人民检察院、司法部联合印发了《深化人民监督员制度改革方案》，在全国范围内推进这项改革。这次改革的主要目标是健全确保依法独立公正行使检察权的外部监督制约机制，核心内容是改革人民

---

* 刘元元，上海市司法局法制处主任科员。

监督员选任机制和管理方式，把原来由检察机关承担的人民监督员选任管理职责改由司法行政机关行使，充分保障人民群众对检察工作的知情权、参与权、表达权、监督权，提高检察工作透明度和司法公信力。

2015年5月，上海市深化人民监督员制度改革工作开始筹备，2016年11月15日，市司法局、市人民检察院联合召开了新闻通气会，并于次日通过各大媒体向社会发布上海市人民监督员选任公告，正式拉开了上海市人民监督员制度改革的序幕。3个月后，2017年2月16日，市司法局召开了上海市人民监督员选任颁证大会暨宣誓仪式，150名人民监督员从人民中走来，面向国旗，庄严宣誓。

3个月的时间，于历史长河而言，只是沧海一粟，转瞬即逝，于当时的我们而言，却是一段殚精竭虑、上下求索的漫长路程。日升日落，从冬到春，每一个日子，都在探索中前进，冬日清晨的微风、深夜穿梭不息的地铁还有办公室那迟迟不熄的日光灯见证了我们每一天的努力；全国第一个实行人民监督员选任网络在线报名、全国省级人民监督员报名人数最多、全国个人自荐比例最高……这些都见证了我们将人民性坚持到底的决心；无论你在哪，只要你是中国公民，无论你从事什么职业抑或没有工作，无论你是什么党派，只要你拥护宪法、品行良好、公道正派、身体健康、具有高中以上文化程度、年满23周岁，上海都欢迎你来报名，除法定条件外，不附加任何限制的报名政策见证了我们一视同仁、无差别对待的公正；无论你是喜欢关注主流媒体的，还是喜欢看市民报的，还是喜欢刷微博、微信的，都可以接收我们的信息，看到我们的图解，全方位的宣传方式、30000+的微信阅读量见证了我们对制度内容和信息的公开，正因为如此，我们在3个月后，迎来了一支具有高度代表性的人民监督员队伍，迄今，仍以高度的人民性而闻名全国。

3个月的时间，面对接踵而至的新情况新问题，我们曾日夜忐忑、焦虑不安，尽一切之可能，想完全之对策，深感改革之不易。

改革之难，难在不为私利。在选任报名的过程中，因为民众参与的热情很高，报名人数激增，上至局领导，下至处室同志，或多或少都接到了一些方方面面过来的请托，这种情况早在预料之中，也正是我们坚持采用信息系统，实行网络在线报名的原因所在。在之前的公告里，我们已经写清楚，市司法局决定进行组织筛选的，按照规定的人员构成比例和区域、职业、性别、党派、岗位等依次优先的原则，根据报名先后顺序进行。网络在线报名成功地解决了人为干扰的问题，报名先后顺序系统自动记录，也就自然解决了请托的问题。

改革之难，难在坚持原则。根据上位法规定，除公民自荐外，组织推荐也是报名方式之一，但具体名额没有规定。上海组织推荐的名额约占总名额的10%左右，组织推荐的渠道基本是通过政协、人大和市内各大高校进行，一般来说，组织推荐过来的人选，经过层层审核把关，基本是不会落选的。但是，由于我们规定了一整套包括体检、面谈、实地走访在内的非常严格的考察程序，一位通过市内某国家知名高校推荐过来的法学教授，却因为觉得麻烦而不愿意配合考察工作，高校方面希望我们能够对这位教授例外对待。经过慎重的考虑和研究，我们还是坚持程序面前人人平等的原则，没有选任这位教授。

改革之难，难在坚持到底。这次选任工作，我们规定了十个环节，认认真真做好一个环节并不难，认认真真做好每一个环节就很不容易，尤其是在人手和时间都极其紧张的情况下。一个考察环节，我们就要组织对180名报名人员进行体检、第三方面谈、单位和社区居委会走访，所以特别请各区司法局帮助我们开展工作。在考察中，有一位全职妈妈，区司法局出于对工作的高度负责以及对她本人设身处地地现实考虑，认为她孩子非常小，牵扯精力很多，对她是否能拿出时间和精力参加人民监督员工作提出了担忧。还有一位货车司机，因为长年跑外地，区局也对他的时间保证提出了质疑。我们最终没有采纳区局意见，认为职业不能成为影响入选的因素，在综合体检、面试成绩以及走访考察情况的基础上，决定他们两人都入选。从最后的社会反应来看，人民监督员队伍里来了全职妈妈取得了非常好的社会反响，受到了各大媒体的广泛关注。

在写这篇文章的时候，我常常想起一首叫作"祖国不会忘记我"的歌，"……在奔腾的浪花里，我是哪一朵；在茫茫的人海中，我是哪一个……"历史的洪流滚滚而进，无数的人和事都会湮没其中，难以留下印迹，然而，总有一些会留下来，尤其是那些不为私利、敢于坚持、全力付出的人，祖国不会忘记，历史终将铭记。

改革开放以来党领导下的立法建设成就

孔洪刚 *

"小智治事，中智治人，大智立法"，改革开放以来，我国一直坚持去除人治、渐进法治的理念，循序渐进地推动依法治国方略的统筹与实施，取得了法治建设上的巨大胜利。新闻党支部全体党员一致认为，在法治建设事业中，党领导下的立法建设成就尤为突出。

一、拨乱反正，以法治引领航向

"文化大革命"以"阶级斗争"为纲，全国各地以大字报等所谓大民主的方式，对一些领导干部进行群众式的批斗，无法无天，正常的社会生产停滞，正常的社会运作中断。党的十一届三中全会果断拨乱反正，郑重提出健全社会主义法制的伟大任务，确立"有法可依，有法必依，执法必严，违法必究"的十六字方针，为社会主义法制建设开启了崭新征程。1979 年我国制定了《刑法》《刑事诉讼法》，1987 年制定了《民法通则》，1989 年制定了《行政诉讼法》，社会各领域初步实现了立法覆盖。1993 年《宪法修正案》规定："中华人民共和国实行依法治国，

---

* 孔洪刚，华东政法大学传播学院新闻党支部书记。

建设社会主义法治国家"，正式确立了法治原则。

二、与时俱进，援入网络民意完善立法

1997 年 9 月召开的党的十五大明确提出了依法治国的方略和建设社会主义法治国家的任务。这一任务的提出，给社会主义立法建设提出了明确的方向。进入 21 世纪，我国网络事业迅猛发展，网络信息传播激活了社会生产生活要素，同时给法治建设带来了机遇与挑战。最大的挑战是，网络民意指向了一些不合时宜、滞后于时代的法律法规。最终，党领导下的立法事业与时俱进，在网络的助力之下，我国先后废除收容法、劳教法等法律法规，并代之以良法。此外，物权法、劳动合同法、就业促进法、食品安全法等一批法律相继问世，立法日臻完善。这无疑是我国改革开放后的另一个立法高峰。至 2011 年 2 月，我国已制定现行宪法和现行有效法律 239 件、行政法规 700 多件、地方性法规 8600 多件，初步形成了中国特色社会主义法律体系。这其中，源于网络民意的立法，占据了相当大的比重。

三、党的十八大以来的新征程

2012 年党的十八大提出，法治是治国理政的基本方式，要更加注重发挥法治在国家治理和社会管理中的重要作用，要加快建设社会主义法治国家，全面推进依法治国。2013 年党的十八届三中全会提出，建设法治中国，必须坚持依法治国、依法执政、依法行政共同推进，坚持法治国家、法治政府、法治社会一体建设。2014 年 10 月，党的十八届

四中全会召开，全会通过了《中共中央关于全面推进依法治国若干重大问题的决定》，明确提出要坚持走中国特色社会主义法治道路，建设中国特色社会主义法治体系。这一阶段，我国重点领域的立法建设获得重大进展。比如《劳动合同法》（2012年修正）《老年人权益保障法》（2012年12月修订）《安全生产法》（2014年修正）《环境保护法》（2014年修订）《反间谍法》（2014年11月）《文物保护法》（2015年4月修正）《国家安全法》（2015年7月）《反恐怖主义法》（2015年12月）《网络安全法》（2016年11月）等。同时，根据实践需要，及时通过了《刑法修正案》（九、十），制定通过《民法总则》。

四、凝练改革开放以来党对立法工作领导的基本经验和模式

近年来，无论是2014年的党的十八届四中全会，还是2016年党中央修订出台的《关于加强党领导立法工作的意见》，都表明了立法乃至法治在党的工作中的重要地位。前者是中国共产党历史上第一次以法治为主题的中央全会，后者明确了我国立法的本质特征、原则方式。从相关文件看，中国共产党经对党领导下的立法工作的一些基本经验和今后要坚持的做法做了凝练和总结，主要包括以下三个方面：

一是强调凡涉及重大体制和重大政策调整的立法，必须报党中央讨论决定；强调使党的主张通过法定程序成为国家意志，成为全社会一体遵循的行为规范和活动准则。

二是健全有立法权的人大主导立法工作的体制机制，发挥人大及其常委会在立法工作中的主导作用，建立由全国人大相关专门委员会、全国人大常委会法制工作委员会组织有关部门参与起草综合性、全局性、

基础性等重要法律草案制度，以避免政府部门利益主导立法而致权力与义务的失衡现象发生。

三是坚持以人民为中心的立法宗旨，做到"人民有所呼，立法有所应"，健全法律法规规章起草征求人大代表意见制度，增加人大代表列席人大常委会会议人数，更多发挥人大代表参与起草和修改法律作用；健全法律法规规章草案公开征求意见和公众意见采纳情况反馈机制，以广泛凝聚社会共识，使出台法律法规规章能够被公众认可并得以顺利实施。

"凡社会即有法律"，"有水草处即有法律"，法律是日常生活和日常交往中不可缺少的规则。法治的实现不仅仅是"善治"，更重要的是要有良法。党的十九大报告指出，要推进科学立法、民主立法、依法立法，以良法促进发展、保障善治。改革开放以来的实践证明，中国共产党的领导是我国立法事业取得巨大成就的坚强保证。我们同样相信，有着中国共产党对立法工作的坚强领导，中国特色社会主义立法建设一定会不断开辟新天地，法治中国一定能建成。

伟大的"人证"

常　斌[*]

　　如果能从宇宙俯瞰上海，我就可以发现公安在这座城市中留下的轨迹——把特警总队和国家会展中心捻成的一"丿"，由上海公安博物馆向上海市公安局新警集中见习培训基地（以下简称新警第二学院）挥出的一"乀"，一撇一捺汇聚于武宁南路市局大院，书写成一个巨大的"人"字。

　　这个雄踞于浦江两岸的"人"字冥冥之中应和着人民公安的"人"字，它贯穿了我们特警今年的工作主线，见证了上海公安自1978年司法改革到当下智慧公安改革的时间轴线，连贯起改革开放至深化改革的伟大路线。作为一名法律人，我将沿着"人"字穿越时空去追寻这条公安司法改革之路……

改革——历史的选择

　　武宁南路上海市公安局大院是"人"字的顶点。

　　随着时代变革、应国家需要变革、应人民所需变革成为贯穿四十载

———————

*　常斌，上海市公安局特警总队二级警员。

上海公安法制建设的时间轴线。

　　20世纪的一个中心、三项建设，21世纪的交通大整治等由市局"总工程师"们创新的执法方式都在不断提高人民的安全感和满意度。随着党的十九大召开，市公安局更是紧抓习近平总书记提出的"四句话、十六个字"精神，试点拉开了智慧公安和现代警务流程再造的改革大幕。

改革——微观的遐想

　　"人"字第二站是哈密路特警总队，我在新装备见面会上与一个仿佛来自未来的科技产物默默对视。它是一顶具有人脸识别系统的摩托车头盔。

　　我想，那位把你设计出来的"总工程师"一定是位法律专家，能针对一线执法工作中的难点有的放矢地提出改革方案；他一定是管理大师，大胆地把商业流程再造体系引进到警务制度改革中来；他还一定是科技专家，能通过物联网泛在感知进行多维研判、筛选出重要警情推送相关部门处理。

　　我们的队伍从来不缺乏这样优秀的"司法改革工程师"，自1978年始，应时代需求变革就是融于公安血脉的基因，这个头盔就是改革开放以来重视科技强警理念所诞下的"宁馨儿"。

改革——浴血的拓进

　　"人"字第三站是公安博物馆。步入英烈馆，这里的墙上挂满着烈士的照片。在悼念他们的同时，我又不免感叹，如果当时就有更先进的设备，那这些悲剧是不是可以避免？

如果盛铃发同志在缉捕逃犯时有更先进的抓捕装备；如果严德海同志处置放火案时有更好的防护装备；如果在著名作家戴厚英遇害案的伊始就有天网系统。

可惜我们的警用科技最多只是平行于时代，而不是引领于时代。受历史限制，过去在执法设备上落后的生产力必然导致流血牺牲，所以像智慧公安般的司法改革势在必行。

改革——繁荣的盾牌

"人"字第四站是国家会展中心。首届进博会于 2018 年 11 月在此举办，这是庆祝改革开放 40 周年的大戏，也是对上海公安大型活动安保能力的考验。

就我所在的特警总队而言，吴捷总队长多次带队实地勘验，反复审核岗哨设置的合理性。上有所行，下必效之，我的支队长一次次推翻重构安保方案，一次次组织队员进行反恐模拟演练。经过不断努力，使进博会顺利进行并取得圆满成功。

改革——新生的种子

我终于来到了"人"字的最后一站。

北艾路新警第二学院是"全科+专科"递进执法模式的"孵化基地"，他们在进博会上大放异彩。

为此，我的师兄刘斌被选拔为新警第二学院的教官，因培训任务重而没时间照顾家庭。同是警察的嫂子决定竞争成为一名专科医生，或许能在大数据平台上配合师兄这名全科医生去完成执法工作。这是双警家庭对二元执法模式的独特解读。

可以想象，2019年3月的北艾路基地一定是欢乐的海洋。培训课程结束了，一线执法工作开始了；旧的人力密集型执法方式结束了，新的二元执法模式诞生了。这些生于改革开放之后，长于新时代的新警们，如播撒于上海司法改革土壤中的种子，终将"绿树茵茵满申城"。

改革——伟大的人证

给岁月以平安，而不是给平安以岁月。

是的，我所追随的这条伟大路线，是条司法之路、改革之路、繁荣之路。那个代表人民警察的硕大"人"字之上，铭刻着一个个平凡而真实的法律人的证明。

人证之一：李青申老人是我们公安学院的老校长。在青春照应夕阳红活动中，这位老公安拉着我们小公安的手畅谈良久："现在公安变化太快了，谁让坏人在变呢，那我们也要变，不然猫怎么去抓老鼠呢？你们要紧追时代而不是被时代淘汰哟。"

人证之二：最近在餐桌上常听我外婆念叨："阿拉老小区管理勿好，治安交关差。现在到处装了监控探头，安全多了呀！"这正是公安依托物联网打造的精细化社区管理模式，采用互联互通的方法排除隐患、利惠于民的例证。

人证之三：我的妻子工作于智慧公安试点单位闵行分局。她对此次改革有着更深的理解：推动智慧公安是为了智慧城市建设，最终目的是从社会治理现代化为突破口，推进国家深化改革。

这样的人证我遇到很多，他们就好比是庞大司法体系中的一粒微小细胞，这些细微的变化正是上海法制建设进入良性循环的印证。

习近平总书记说过，任何事物必须顺应潮流前进。当今天下大势，司法改革的大浪已经打来，无论你是浪尖上的弄潮儿，还是浪花里的一滴水，都无法撼动改革巨浪滚滚向前。身为一名法律人，就应当踏着40年来前辈们的足印，迎战新的大时代变革。

看得见的司法公正

喻 晓[*]

司法作为保障公民合法权益的最后一道防线，司法公正至关重要。司法公正不仅要实现实质公正，也需要将这种公正以有形的方式展示出来，让公众切实看得见、感受得到这种公正。这对于化解当事人之间的矛盾也有重要意义，因为只有看见了司法公正，才能让争议双方对司法裁判产生信赖，从而相信最终的裁判结果是公正的，即便败诉也能心悦诚服。

那么如何才能让司法公正看得见，摸得着呢？有人说："阳光是最好的防腐剂"，公开无疑是实现司法公正的有效途径，古往今来，莫不如此。

公元前 536 年，郑国子产下令将刑书铸在鼎上，并放在王宫门前，这是中国历史上第一次公布成文法，打破了春秋时期上层贵族对法律的垄断，揭开了法律审判的神秘主义面纱，使普通民众均能知悉法律进而能用法律维护自身的合法权益，郑国因此而能以小国之姿，周旋于晋、楚两霸之间而不败。

党的十八大以来，法院积极研究如何体现司法公正，让当事人在个

---

* 喻晓，上海维盈律师事务所律师。

案中能够感受到司法公正,让广大群众能够看见司法公正。为此,法院不仅加大普法宣传力度,对典型案件进行法律解读,有的法院还在立案大厅专门设置了判决书解惑、庭长值班等窗口。

法院同时也借助于科技和信息网络的发展,进行司法制度创新,最高人民法院于2013年11月21日发布了《关于人民法院在互联网公布裁判文书的规定》,明确规定了法院在互联网公布裁判文书的相关要求,此举对实现司法公正有重大意义,同时也体现了法院的自我鞭策,将生效的裁判文书公布在网上,接受广大群众随时、随地的检查和监督。法律人也可以通过检索相关案例研究具体法律条文在司法实践中的运用,深化对法律的理解和运用。争议双方也可以通过查找已生效的同类案件判决,预测自己的纠纷的裁判结果,从而有利于化解矛盾和纠纷,共建和谐社会。

上海作为全国改革开放排头兵、创新发展先行者,不仅积极做好裁判文书的公开,而且还建立了上海法院12368诉讼服务平台,该平台整合了联系法官、案件查询、诉讼咨询、心理疏导、投诉信访、意见建议、社会评价、督察考核八大功能。

我第一次打12368热线,听到还有心理疏导服务时,被深深震撼了,感叹法院考虑的周全和细致。有的案件并不是法院一纸判决就能完全解决问题,当事人内心有许多委屈和不平,他们需要相应的心理上的帮助。

曾经有一位八十多岁的老爷爷向我哭诉,他老伴过世后,大女儿就来争遗产,还给了他一张空白的诉状,让他把他和过世老伴的所有财产全都列明,以便大女儿向法院提起诉讼分割属于她母亲的那份遗产。老爷爷浑浊的眼睛里溢满了眼泪,泪水顺着深深的皱纹在他干瘪的脸颊上流淌，几度哽咽，不停感叹，他的命怎么这么苦，为什么不等他死了后再争遗产！

最初，我以为他只是来咨询法律规定的，后来发现，他其实早就知道法律的相关规定，只是对自己女儿的所作所为感到非常难受、痛心、想不通。这种涉及家庭纠纷的案件，当事人之间往往有着复杂的情感瓜葛，他们需要的不仅仅是法律作为一个标尺告诉他结果，同时还需要从情感上让他们能够接受这个结果，所以，需要有人对他们进行心理疏导。上海法院 12368 诉讼服务平台提供的心理疏导服务，展示了法院在处理纠纷时的细致入微，设身处地地为当事人着想，让当事人感受到的不是法律的冷酷无情，而是带有温度的司法，这也有助于当事人接受判决结果，感受到司法公正，体现司法为民的宗旨。

党的十九大报告指出，不忘初心，牢记使命，方得始终。相信随着依法治国的进一步全面推进，司法体制综合配套改革的深化，人民群众会在每一个案件中看得见、感受到司法公正，法治中国的明天会更加美好。

上海法律人眼中的改革开放 40 年

杨维江 [*]

1978 年 12 月召开的党的十一届三中全会，标志着我国进入了改革开放的新时期。40 年来，我国的经济、军事、科技、教育等方面从半封闭走向全面开放，从无人问津成长为世界瞩目的一个成熟大国。在中国共产党的带领下，改革开放 40 年来我国取得许多令人震撼的成就。经济方面，我国 GDP 总量从 1978 年的第十五名到如今跃居第二名，并且稳稳占据第二宝座近 10 年，除此之外，截至 2017 年，世界 500 强企业中，我国企业已达 115 家；科技方面，科教兴国的战略方针为我国输送了大量的科研人才。神舟飞天、蛟龙入海、高铁动车享誉海内外；移动支付，共享单车；无一不让外国友人叹为观止。

然而改革开放 40 周年带来的成就远远不止如此，在我们法律人眼中，我国法治建设更是取得了长足进步。

1978 年以来，我国为健全法律制度，填补法律空白，开始了大量的立法工作，在短短数年间，通过了包括《刑法》《宪法》在内的多部法律。而后因为发展社会主义市场经济，围绕"社会主义市场经济体制的建立，要尽快制定一批法律，以保障改革开放，加强宏观经济管理，规

---

* 杨维江，上海融孚律师事务所律师。

范微观经济行为"这一中心思想，国家立法开始进行从社会主义计划经济到社会主义市场经济的转变。

1997年召开的党的十五大，从建设有中国特色社会主义民主政治的高度，第一次明确地把"依法治国，建设社会主义法治国家"确立为"党领导人民治理国家的基本方略"，这标志着党的治国方略实现了历史性的转变。1999年，九届全国人大第二次会议通过《宪法修正案》，郑重地把"中华人民共和国实行依法治国，建设社会主义法治国家"载入《宪法》，把党的主张通过法定程序升华到集中体现人民意志的根本大法中。而这一转变，实质上是确立了法的地位，明确了法律的权威，使"依法治国"这一观念深入人心，这无疑是新中国的法治建设迈出的重要一步。

时间进入21世纪，尤其是在党的十八大召开以来，我国法治建设在依法治国方针的领导下，全面推行科学立法、严格执法、公正司法、全民守法的策略，营造了一片改革发展繁荣、执法司法公正、法学研究丰硕、法学教育齐鸣的景象，这个变化，在上海表现得尤为明显。

在改革发展方面，金融法治环境是金融市场赖以生存和发展的土壤，上海成熟的自贸区法律体系、动态的规范运行机制以及高效的纠纷解决机制，无一不吸引着越来越多的外来投资者进驻，这才促成了上海金融市场蓬勃发展、金融创新产品日新月异，金融服务日益完善的繁荣局面，为建设上海国际金融中心提供了最根本的保障。

在司法、执法方面，上海推行依法执法，既不做"暴力"的执法者，也不做"委屈"的苦口婆心的执法者，而是真正做到有法有据、不卑不亢，这一点完全可以从上海交警的身上见微知著。2018年4月，上海一位交警在要求违章驾驶人出示行驶证无果且违章驾驶人拒不配合的情况下，进行三次警告后，宣明无关人员闪开，警官将使用警械，并将违章驾驶人制服，从而使这一违章行为依法得到惩处，而后视频被传上网，网友称这是教科书式的执法。

法学研究方面，上海已拥有在册律师事务所1500多家，各类法律人才数不胜数。除了各大高校的法学研究机构外，上海市律师协会平台以及各个律所和新闻媒体平台，都定期发布一些律师的研究成果，呈现百家争鸣的态势，有利于年轻律师的成长，也是上海律师业法律业发展迅猛的原因之一。

法学教育方面，上海重点发展法学教育，拥有华政和上政两家政法类院校，复旦、交大等名校的法学院的实力雄厚，师资优良，较20世纪都有大幅度的提升。大力加强法学教育，从培养学生做起，不仅可以筑牢我国法治大厦的地基，也为将来我国法治建设进行人才储备。

马克思曾说："社会不是以法律为基础的。那是法学家们的幻想。相反地，法律应该以社会为基础。"党的十九大报告作出"中国特色社会主义进入了新时代"的重大政治论断，这一论断不仅明确了我国发展新的历史方位，也明确了全面推进依法治国、建设法治中国新的历史方位，指明了全面依法治国的战略发展方向和实践发展方略。坚持党的领导和建设法治中国是高度一致的，建设法治中国必须坚持党的领导，坚持党的领导必须依靠社会主义法治，两者相辅相成。离开中国共产党领导，中国特色社会主义法治体系、社会主义法治国家就建不起来。法治兴则国家兴，法治强则国家强。建设法治中国与新时代党的历史使命同频共振，与国家命运紧密相连，与人民幸福唇齿相依。因此，在改革开放40周年之际，我们总结法治建设的成果时，也应该明确法治中国的进一步建设必须始终坚持以习近平新时代中国特色社会主义思想为指导，深刻领会党的十九大精神为前提，以长期建设为发展方向，持之以恒地进行下去。

从上海交通大整治看改革开放背景下法治中国的建设

李亚新 *

到 2018 年，改革开放已经走过 40 个年头。在党的领导下，我们"摸着石头过河"，成就了一场伟大的革命。在经济发展蒸蒸日上的同时，法治中国的建设也得到了党的高度重视。

《韩非子·有度》中写道，"奉法者强则国强"。而今韩非子的法治愿景，正穿越千年悠悠岁月，在神州大地上成为现实。在党的十八大，习近平总书记就法治中国建设作出了一系列重要批示和讲话。这些宝贵的思想提出了法治中国建设的新目标，指明了法治中国建设的新路径，确立了法治中国建设的方针，规定了法治中国建设的新方法。要建高楼大厦，离不开一砖一瓦。社会主义是踏踏实实、一步一步干出来的。法治中国的建设自然也是如此。上海作为全国改革开放排头兵，创新发展先行者，在方方面面都努力践行着法治中国的建设。党的十八大以来，这种变化愈加深刻和明显。我们学习生活在上海，它的进步一点一滴都看在眼里。上海的交通大整治就是上海法治进步一个典型的缩影。

---

* 李亚新，上海海事大学法学院学生。

改革开放以来，上海的经济飞速发展，随之而来的是城市交通治理的问题亟待解决。相信大家一定都在路上遇到过这样的情景，在高峰期，转弯的机动车川流不息，见到行人也丝毫不放慢脚步，过马路过得心惊胆战；或是一辆辆开得飞快的助动车在机动车道的缝隙间蹿来蹿去，一个不留神就容易和它亲密接触。城市道路交通的参与方众多，各种情况纷繁复杂层出不穷：违法停车、喇叭扰民、违章变道……对城市交通违法行为宣战，不仅需要勇气，更需要完善的政策布置、扎实的执行落实，以及每个交通参与者素质的提高。两年来，据数据统计，上海交通事故数、死伤人数均同比大幅下降；市区高架路、核心商圈拥堵时间平均每天减少 1 小时以上，市民满意度达 96.7%。

守法者从少数变成大多数，违反者从气焰嚣张变成虚心接受。法律权威竖立了起来。变化背后是城市法治素养的提升，也是大整治能够取得成效的关键。建成法治国家、法治政府、法治社会，是一个宏大的工程，它不仅需要人人守法，而且需要人人用法并捍卫法治。实现法治，需要每个人为了自觉守法而牺牲一己之私利；实现法治，需要每个人为他人合法权利而积极主动地同违法行为作斗争；实现法治，更需要每个人都具有极强的规则意识、具有屈己而不屈法的精神。诚如最高人民法院副院长江必新所言，只有当法治已成为一种普遍接受并自觉践行的文化的时候，法治国家才有可能真正建成。

从简单地维护交通秩序，到全覆盖零容忍地治理各类交通违法，推动上海交通大整治不断向前的，是依法治理的理念之变。

法令行则国治国兴。但法治绝不是说建立就能建立、说施行就能施行的。在中国这样一个发展中大国，建设社会主义法治国家是一项复杂的系统工程，要完成这样的系统工程，需要顶层设计、战略谋划、具体步骤、督促落实。习近平总书记在中央深改组第二十四次会议上强调，改革有阵痛，但不改革就是长痛。"增强改革定力，抓住改革时间窗口，只要看准了的改革，就要一抓到底，务求必胜"。在这样一场深刻的变革中，每一个你我都是历史的参与者和见证者。

乘改革之风，记庭审记录的前世今生

胡静怡[*]

在时间的无痕流逝中，在我们身边，有一些变革正在悄然发生。而我们，处于这个时代的我们，见证了这些变革，或者，正在参与这些变革。

——题记

记得我刚到金山法院，跟随法官从事书记员工作的时候，我需要负责庭审记录。但是刚开始的时候，我还不能完全胜任这个任务，打字速度比较慢，当事人说话一快，我就跟不上了，只能坐着干着急。时常将自己脑海里残存的记忆混合着自己的理解，硬着头皮往下记。这个时候，身后就会传来一个声音："小胡，不是这样的，当事人不是这个意思……"

可见，作为一名人工书记员，尽管我已经努力努力再努力，但也还是会有捉襟见肘的地方，那记不下来该怎么办？记录下来的意思不完整又该怎么办？

不用担心，因为庭审录音录像系统帮我们解决了这个大难题。目

---

[*] 胡静怡，上海市金山区人民法院法官助理。

前，咱们上海法院庭审系统中，数字法庭覆盖率达到100%，数字化法庭中设置的录音录像发挥了监督、规范庭审活动、补充书记员庭审记录的作用，庭审录音录像与书记员庭审记录分别形成两个独立的庭审记录体系，同时，两者又互为补充，尤其是庭审录音录像在补充和保证书记员庭审记录真实性、完整性方面发挥了重要作用。

这些实时生成的庭审录音录像资料集中保存于本级和上级法院的服务器上，真正地实现了三级联网、共同备份、同步保存，方便了法官随时调阅、回看，便利了法官办案与审判管理，有了这么完备的庭审系统做强大后援，法官再也不用担心我的记录啦！

但，如此方便的庭审录音录像系统，并不是一开始就有的福利。首先，让我们穿越到20世纪50年代，在人民法院成立之初，所有的庭审记录都是靠笔杆子完成的，正所谓一支笔，一张纸，身担正义断是非，这应该也就是当时法院人的真实写照，"笔录"这一名词也是由此而生。但是，由于手写速度的限制，记录人在记录的时候只能将与案件最后判决有关的信息进行归纳概括记录，且对记录文字的工整程度和清晰程度都提出了较高要求，也不利于笔录的保存和作为模板反复使用。时间到了20世纪90年代，我国法院的信息化建设取得长足发展，庭审记录方式也从最初的手写记录发展到电脑打字输入，具体包括电脑标准键盘录入和专业速录机录入两种方式。

这种借助电脑录入的方式大大提高了录入信息的速度以及准确度，且便于修改补正、存档查阅，也可以作为模板反复利用。电脑记录相对手写记录来说，已经是庭审记录领域的一次质的飞跃，但如果仅单纯依靠电脑录入，仍然会存在局限性，首先它无法完全重现庭审场景，其次书记员技能差距也会导致记录质量参差不齐等。

2010 年，最高人民法院发布《关于庭审活动录音录像的若干规定》，庭审录音录像系统开始被越来越多的法院所使用，它能够全方位、多角度、全时段地记录庭审过程。目前，全国已经建成两万多个带有庭审录音录像系统的数字法庭。此外还有一些法院正在尝试用人工智能代替书记员参与庭审记录，以缓解人案矛盾。

党的十八大和十八届三中、四中全会对庭审录音录像改革提出了新的要求，党的十八届四中全会明确提出"构建开放、动态、透明、便民的阳光司法机制"，在这一精神的指导下，上海法院不仅在硬件上紧跟改革步伐，做时代的弄潮儿，在软件上也齐头并进，有新招、有高招、有妙招。

为进一步深化司法公开，推进"以审判为中心的诉讼制度改革"，我们赋予当事人查阅、复制庭审录音录像资料的权力，为当事人和社会公众参与司法、监督司法提供了更多机会和途径；同时，通过门户网站主动向社会媒体公开庭审录音录像，或提供庭审链接方便公众点播。除此之外，我们还有更加便捷的途径，只要动动手指就能轻松知晓法院最近审理的具有社会影响力或者具有代表性的案件，这就是每个法院自己开设的微信公众号。比如金山法院微信公众号，专门开设了案件聚焦、案例报道等栏目，将本院审理的具有示范意义的案件通过微信文章的形式推送给大家，凡是关注了金山法院微信公众号的朋友都能够在第一时间了解案件进展并且还能通过留言表达自己的观点，真正做到了将司法权力置于阳光之下。这种主动公开的做法不但掌握了宣传导向正确的主动权，也避免了个别媒体为了宣传效果，而有选择地录制庭审过程、造成宣传误导；同时又扩大了司法公开的广度与深度，产生了良好的社会效果，推动了司法改革的进程。

改革开放 40 年的历程，相较于中国近代法治发展的百年历史而言，并不算很长，但是，改革带来的信息化技术与现代科技的红利，在短短的几十年间，推动着司法改革事业加速前进，同时司法的进步对新生事物以及创造力的保护也让科技的发展站上了更高的平台。司法体制配套制度改革和现代科技运用，正如"车之两轮，鸟之双翼，相辅相成，缺一不可"。

庭审记录方式的发展变化只是滚滚改革浪潮中的一个小小缩影，在这浪潮中，我们既是追风之人，亦是乘风之人，改革没有止境，我们一代又一代法院人也一定会一如既往地拥有破釜沉舟的胆魄、中流击水的担当和抓铁有痕的精神，不忘初心、牢记使命、勇往直前！

"玫瑰"与"渔"

杨颖琦[*]

印度古谚语说："赠人玫瑰之手，经久犹有余香"；中国古人还曰："授人以鱼，不如授之以渔。"二者的兼得，是改革开放后这个时代给予我们年轻律师最好的成长馈赠。

那么这是个怎样的时代？她的关键词里最重要的莫过于"依法治国"四字，这对律师而言，尤其是。2014年10月，党的十八届四中全会通过的《中共中央关于全面推进依法治国若干重大问题的决定》，开启了中国法治建设的新时代。到了2017年10月，党的十九大进一步作出中国特色社会主义进入新时代的重大论断，我国社会主要矛盾已经转化为人民日益增长的美好生活需要和不平衡不充分的发展之间的矛盾，人民群众不仅对物质文化生活提出了更高要求，在民主、法治、公平、正义、安全、环境等方面的要求也日益增长。司法行政工作，特别是公共法律服务义不容辞地肩负起新时代赋予的重任。律师从其职业特性出发，自然地成为了公共法律服务体系建设中一支重要的队伍力量，司法改革的大背景下，公共法律服务需求的关注度和律师参与度越来越高，律师纷纷投身于法律公益，得以在法治宣传教育、

---

* 杨颖琦，上海范仲兴律师事务所律师。

法律咨询、法律援助、人民调解等环节上，更多地用专业知识来服务社会。

赠人"法之玫瑰"，经久犹有余香

"法为绳墨，助为初心。"秉持着这样的理念，自执业之初起，我便决意跟随这些热心公益的律师前辈们进行法律服务和公益帮扶，总记着自己有个"要做有匠心、有温度、有社会责任感的律师"的初心。因国家治理及司法改革对公共法律服务体系建设的强调，公益性法律服务屡屡创新，可提供给律师的法律公益服务的形式也越来越多样化，这鼓励并给予了年轻律师更多用专业才能服务社会的可能，如：立足"法律事务咨询、矛盾纠纷化解、困难群众维权、法律服务指引和提供"的平台建设功能定位，将法律公益转到线上。以我个人为例，以志愿律师的身份加入"12348上海法网"和CCTV 12的《律师来了》节目，运用网络为全国各地在线提问的老百姓们提供法律咨询，如此可以将法律送到更远的地方、送到更多人的身边……同时，律师普法宣讲作为一项公共法律服务产品也受到了广泛的关注和重视。作为上海市女律师联谊会巾帼普法讲师团的一名律师讲师，我需前往指定村居委，为老百姓们讲授《继承法》《婚姻法》《劳动法》等与之贴近的法律知识，充分利用案例来释法说理、解疑释惑，开展生动直观的法治宣传教育。每次讲座时，看着会场里老百姓们认真地用笔做着笔记，一笔一画记录着所听到的法律知识，课后还纷纷上前就遇到的法律问题来问询，我可以清晰感受到老百姓对于法律知识的迫切需求；虽然完成这些讲座需要牺牲自己的业务时间所能产生的经济收益，但当老百姓们满意地、"满载而归"地从会场离开的时候，我的内心充满着喜悦。

平常都说做公益的人是"赠人玫瑰，手有余香"，而做法律公益的律师，所赠他人之玫瑰是特殊的。因为它由一条条法律缠绕而生，扎根群众之沃土，弥散之芳香是能经由"受赠者"继续往外传播的；而当律师自己细品"手中余香"时，品到的除了法律知识的夯实，更多的是助人和分享所带来的快乐。

授人以"鱼"，不如时代授之以"渔"

赠人"法之玫瑰"，传播法律知识，在全面依法治国的时代背景下，律师作为法律的播种者，内心期待担当起新时代赋予的新使命——传播法治信仰，推动全民族法治素养的提高。

"授人以鱼，不如授之以渔，授人以鱼只救一时之急，授人以渔则可解一生之需"，通过某一次公益性法律服务来普及特定的法律知识或是解答法律疑惑，固然能解决人民群众此时此刻的实际问题，但借此将法治信仰传递给他们更为重要。法治信仰是对法治发自内心的认可、崇尚、遵守和服从，只有内心尊崇法治、信仰法治，才能行为上遵守法律、维护法律，才能时时刻刻牢记用法律规范自己的言行，也同时学会了用法律武器合理合法地维护自身的权益，这才是这个时代授予人民群众最宝贵的"渔"。得此法，受益的不只是人民群众自身，更是把法治基因融入血脉，在这深厚可靠的群众基础之上建立起"法治中国"这座大厦。当社会对于法治、对于法律的至上性和法律的平等适用性有了高度一致的认识，这无疑将成为国家治理之幸，更成为律师成长与发展之幸，配以司法行政改革如火如荼地开展，律师将拥有更为广阔的天地和更为良好的执业环境来充分施展自己的专业所长和才华，更好地反哺社会。

法之"玫瑰"，绽放出法治中国的时代芳华；

律之"渔法"，传授予全民崇法的理念信仰。

司法改革浪潮中，我们年轻律师以"浪"为动力，踏准成长的时机；建设法治中国的路上，我们携"玫瑰"与"渔"浅笑前行，才不负这个法治时代对律师的"馈赠"与期盼……

奉法之利器，筑强国之梦

王绍佳*

回顾改革开放的 40 年，"上海"是个绕不过去的字眼。这个改革开放的排头兵，这个新时代的弄潮儿，在中国共产党这位伟大舵手的领导下，为中国的现代化建设作出了突出贡献。这些年也是我国法治建设取得巨大进步的 40 年，在这个过程中，上海同样扮演了重要角色。

我于 2007 年来上海读大学，之后到中国人民大学和中国政法大学读研、读博，最终又回到上海工作。我始终没有离开法律行业，所以一直在关注上海市的法治动向。这 11 年中，无论哪个阶段，我印象中的上海一直走在法治改革的最前沿，这突出的表现在三个方面：一是在法制建设中积极配合国家司法改革试点工作；二是在法学教育和人才培养方面努力探索制度创新；三是在推进司法改革的工作方面始终发挥带头作用。

谈到法治建设，上海始终与"试点"二字紧密关联。每一项司法改革的试点，上海基本都是首发城市。2010 年 9 月，上海市司法局根据司法部"法律援助值班律师试点工作研讨会"的精神，确定在浦东新区、徐汇区等地试点开展法律援助值班律师工作。2013 年 9 月，上海市监狱

---

* 王绍佳，上海政法学院讲师。

系统开展罪犯认罪悔罪评估试点工作。2013 年 11 月至 2014 年 6 月底，上海市司法局在全市组织开展了"远程视频社会帮教试点工作"。2014 年 6 月，全国人民代表大会常务委员会授权最高人民法院、最高人民检察院在上海等 18 个城市开展刑事案件速裁程序试点工作。2017 年 10 月，最高人民法院和司法部决定在上海等 8 个省、直辖市开展律师刑事辩护全覆盖工作试点等。在这些试点中，我总能看到上海市率先出台各种试点工作细则，积极推进试点工作，总结试点经验，为我国法律的修改和完善贡献了重要力量。

我喜欢上海，是因为上海是一座充满创新与活力的城市。在法治建设这个层面，上海的创新精神还体现在法学教育和人才培养上。以我所在单位上海政法学院为例，我校在上海市教委的支持下，顺应社会和法律的发展规律，审时度势，设立了全国首个人民调解专业。截至目前，已经为社会培养了一大批熟悉人民调解业务的毕业生。这些毕业生既有专业的法律知识，又精力充沛。他们踏入人民调解行业，充实了人民调解队伍的力量，契合了社会对人民调解的需求，符合我国"重调解"的司法文化，缓解了法院调解力量的不足，是对法院调解的有益补充。此外，上海市各高校还设立了"坐班答疑"制度，作为对课堂教学的辅助和补充。每位老师每周可以选择一段时间专门用来与学生沟通、交流，回答学生的疑问。在我看来，这项制度对老师和学生都有益处。对学生而言，这项制度可以解决学生找老师比较难的问题。我们学校地处偏远，交通极其不便，很多老师上完课还要赶班车回家，平日没课也很少到学校。学生想与老师当面交流十分困难，有时也碍于耽误老师课下时间而不好意思开口。坐班答疑制度将老师在学校的时间固定下来，既无需双方频繁地协调时间，又可以减轻学生的心理压力，可谓一举两得。

对老师而言，将答疑时间集中，可以更加合理地安排和充分地利用时间。这项制度创新确实增进了学生与老师之间的连接，对双方而言，可谓互相受益。

上海在法治建设中扮演重要角色的第三个方面表现为在推进司法改革方面发挥着带头作用，我印象最为深刻的是法官员额制改革。在这个过程中，还涌现出邹碧华这样一位榜样模范。2014年6月，中央深改组审议通过《上海市司法改革试点工作方案》，上海成为全国第一批司法改革试点之一。没有先例可循，没有样本参照，只能摸着石头过河。邹碧华正是参与并主持起草了这个实施方案，而法官员额制是此轮司法改革的"牛鼻子"，也是最难啃的"硬骨头"。众所周知，法官员额制意味着有一批现任法官进不了法官序列，是一项最容易得罪人的工作。而邹碧华带领司改办团队，调研了全市法官的分布情况以及人力资源的实际投入，并请专业的数据分析公司配合，独创出一套"案件权重系数"系统，用以分析全市法官办案的质量和效率，力争让真正有能力、有水平、能办案的法官进入到员额中来。因此，上海市在法官员额制改革方面是技术领先的，也是工作推进最靠前的。

习近平总书记提出要实现"中华民族伟大复兴"的中国梦。法治对于一个现代国家建设的重要性无需多言，它是一个国家稳固的基石，可以且应当是一个民族兴盛的利器。我很荣幸能工作和生活在上海，更荣幸能在上海参与到法治建设的大事业中来。我愿在法学教育及法学理论发展的岗位上，同其他法律职业共同体的战友们一起，继续推进上海和全国的司法改革事业，执法之利器，为实现中国民族的强国之梦继续奋斗！

以浜大之眼见证改革开放

王艺锦[*]

　　我喜欢逛 b 站，哔哩哔哩是国内领先的年轻人文化社区，聚集了大量的"90 后""00 后"，所以它的大数据几乎可以反映当下年轻人关注的热点。而近两年我们在 b 站上可以看到一些纪录片和短视频，比如《辉煌中国》，还有一些外国的：比如《大道中国》《中国这五年》，探讨中国发展的 ted 演讲和有关"中国新四大发明""基建狂魔"的短视频。这些年"中国速度，中国发展"成为了世界关注的焦点，大家都在探讨着中国奇迹的秘密，而我也发现这些视频都提到了同一个词：改革开放！

　　改革开放，中国的一项基本国策，是强国之路，是社会主义事业发展的强大动力。如今改革开放已经 40 周年了，其成就是巨大的，是国内生产总值的 82.7 万亿元，也是高速铁路网总里程的 2.2 万公里。但改革开放对我们的影响不仅仅是一串串数不清多少个零的数字，更是大家能亲身体验到的变化，比如我父亲年轻时要带几斤馒头步行到市里上技校，因为家庭贫困没能上大学一直是他的遗憾，而如今我却可以衣食无忧地在大学校园里学习。

　　可能同学们并不能很具体体会到这 40 年的巨变，因为我们很幸运

＊　王艺锦，上海政法学院学生。

一直生活在这样一个国富民强的时代，但改革开放的影响其实无处不在。比如我们身处其中的校园——浜大（原上海政法学院），几乎就是改革开放法制教育改革的见证者。接下来让我们一起以浜大之眼见证改革开放 40 周年。

改革开放不久的 1984 年是法治教育的初步发展阶段。

当时我国高等法律教育刚刚恢复不久，法律专业人才奇缺，基础十分薄弱，师资力量严重不足。于是，邓小平指出"一个法律院校，一个管理干部学院要发展，要壮大，要搞快一些"。在 1985 年以后，共有十几个省市建立了政法管理干部学院，其中就有我校的前身"上海管理干部学院"，在此期间学校法学教育的课程体系逐渐完善和稳定。

1992 年至 2000 年是上海法学高等教育的发展和调整阶段。此时社会主义市场经济体制确立，依法治国，建设社会主义法治国家的基本方略得到确定。对上海而言，这为改革开放带来了新的活力，"一年一个样，三年大变样"，这些都为法学教育带来了强大动力。1993 年在上海法律高等专科学校和上海大学文学院基础上设立上海政法学院，开始本科层次的人才培养。从此，浜大登上了历史舞台，1996 年，时任最高人民法院院长肖扬在法学教育工作会议上指出"要全面贯彻邓小平同志提出的，面向世界，面向未来，面向现代化"的战略方针，重点培养"复合型，外向型，职业型，应用型的合格法律人才"。1998 年我校设立三个硕士学位授予点。法律硕士模式是为了培养更加符合法律职业性，务实性和综合性特点的人才。我校进入了发展的新阶段。

2001 年以来，我国的经济快速发展，综合国力快速提升，取得了令世界瞩目的成就。加入世贸组织，成为世界第二大经济体。2013 年国家主席习近平分别提出建设"新丝绸之路经济带"和"21 世纪海上丝绸之路"的合作倡议。2015年，中国国家企业共对"一带一路"相关的49个国家进行了直接投资。改革开放进入了新的阶段，而我国与世界的联系日益加强，尤其是上海自贸区的设立，吸引着全世界的目光。在此阶段，上海作为一个国际化大都市，法学教育更加注重面向市场和对人才的培养。在此背景下，我校紧跟时代潮流，入选"最高人民法院一带一路司法研究基地"，也是"上海合作组织国际司法交流培训基地"。这彰显着我们学校的实力，让我们自豪。

随着丝绸之路经济带建设，快速推进包括上合组织各成员国在内的经济带沿线国家的人员，资金等往来频繁，跨国法律纠纷案件逐渐增多，沿线各国对高质量法律服务的需求日益凸显。2015年丝绸之路律师学院正式挂牌成立，积极整合了各方资源，汇集上合组织成员国司法领域、外交领域资深专家，形成了多元化、开放式的教学科研队伍。并确定了涉外律师人才培养试点班培养方案。力图培养应用型、复合型和国际化法律人才。而我有幸被涉外律师1741班录取，在学校积极培养人才的环境下学习成长。2017年联合国秘书长古特雷斯、上合组织长阿利莫夫先后向我校模拟联合国协会发来贺电，赞扬协会作出的积极贡献！这一切都说明，我校紧随改革开放潮流，面向国际，为发展中的中国培养更多优秀的高端的法律人才。

如今我校是上海仅有的两所"法学专业综合改革试点高校"之一。浜大的校史基本反映了改革开放40年以来法制教育改革路程。浜大师生本着"刻苦求实，开拓创新"校训精神，紧跟改革开放脚步，取得了令当代浜大学子引以为傲的成果。

改革开放40周年所取得的巨大成就是我们的前辈在邓小平思想指导下，努力奋斗的结果。40年众志成城，40年砥砺奋进，40年春风化雨，中国人民用双手书写了国家和民族发展的壮丽史诗。也许我们并不能像父母那样深刻地体会到这40年来的巨大变化。但是我们应该知道改革开放改变了中国，影响了世界，我们要引以为傲。而以后就需要我们这些莘莘学子接过建设祖国的重担，尤其作为一名法学生，我们应该时刻准备着！以己之力推进中国法制改革建设，续写中国奇迹！

一个法科生所见证的法治成就

戴海洋[*]

这是一个从小沉迷游戏漫画，让家长老师头疼的不行的一个小孩，后来保送到华东师范大学法学院的故事。在这个故事里，有一个"90后"的成长经历，以及在他成长的过程中所见证的那些法治成就。

这是我自己的故事。

我在家里排行老三，家里有个比我还喜欢打游戏的哥哥，所以我在小学的时候就跟着他晚上看漫画，周末上网吧，基本上都没有写过几天家庭作业。这样做的结果就是第二天老师看着我空白的作业本大发雷霆，然后我就会被老师叫家长、罚站、罚跑圈，更严重的还有当着全班的面让我不要再来上学了。尽管我知道不做作业是不对的，但当时的那些惩罚，对于一个小学生来说，的确是重到有点难以承受了。

幸运的是，《未成年人保护法》出生得比我早几年，所以我当时就把法律打印出来每天装在书包里，我心里想着，这里面写着禁止体罚和变相体罚，写着要尊重未成年人的人格尊严，所以我想，这被叫做"法律"的东西应该能够保护我。然而不幸的是，当初我的小学老师，并没有太把这部法律当回事，所以我还是会被要求"到外面站着去"，而我

---

* 戴海洋，华东师范大学法学院学生。

也只能站在教室外面一把一把地抹眼泪。

后来我上了中学，我在政治课本上学到了很多法律知识，也在社交网络上看到了跟课本不一样的东西。那时候我发现有些案子好像会引起特别大的社会争议，比如彭宇案、李庄案、上海钓鱼执法案等，我也常常见到有人对国家法治不健全，司法不公开的批评。在那几年一场一场的舆论讨论中，"法治"这个词越来越多地出现在我的视野里，我也慢慢开始理解这个词语背后的内涵和深意。

2014年我上高三，这一年年底发生了两件大事，让我坚定地要成为一个法律人。第一件是我国法制史上一项历史性的成就——党的十八届四中全会的召开。2014年年底的那个冬天，我来参加华东师范大学的保送生考试，在自我介绍的时候我就说，我想学法学。当时面试的老师就问我，你为什么想学法学？我回答说，因为党的十八届四中全会让我看到了中国法治的未来。

尽管起初只是作为时事政治新闻而想要去了解，但我至今还记得在看到《中共中央关于全面推进依法治国若干重大问题的决定》时心里的波动。我发现，这篇决定中清晰构想的法治中国的愿景，精妙的那一项又一项的改革举措，都在感召着我去为中国的法治作出贡献。就这样，我在所有报考的学校都只填了一个专业——法学。那时我对面试老师说的，是百分之百的心里话。我还记得面试结束后那位老师和善地拍了拍我说，小伙子加油。后来我才知道，原来那位老师是当时华东师大的一位副校长，而他的专业，正巧也是法学。

2014年底发生的另一件事，为我点亮了一盏灯。这件事就是所有上海法律人非常惋惜的，邹碧华法官的去世。尽管我是从悼念的文章中才第一次认识这个名字，但这一丝都不会减少我对这位"庭前独角兽"的尊敬。邹碧华法官的成绩无需赘言，从法院的信息化建设，到司法改革试点的方案设计，上海法院系统的不胜枚举的成就，都建立在他"将改革一点一点向前拱"的理念上。在他去世后，曾有人为他写了这样一首诗：

"独角兽回到了寓言里　谁来驮负巨大的词语

——有的人说会放弃；——有的人说会继承。"

就在看到这首诗的时候，我想，我将来也一定要努力，去做这样一个"敢啃硬骨头、甘当燃灯者"的法律人。

推开一扇门，提上一盏灯，那我要走的路在哪里呢？这个问题曾经困扰我许久，部门法那么多，将来我要从事哪个领域呢？然而就在我迷茫之际，我又见证了一项法治进程中的重大成就，2016 年 11 月 7 日，《网络安全法》获得表决通过。在这之后不到一年，越南、新加坡、韩国纷纷立法修法，借鉴了我国《网络安全法》的条款和经验，这标志着中国的立法已经走在了世界的前列。在学习了《网络安全法》的内容之后，我发现，这不仅是我自己最感兴趣的领域，更是国家迫切需要人才的领域，我迫不及待地想要以法学的力量为国家的网络安全作出自己的贡献。

据《中国法律年鉴》的记录，我出生那年，全国法院民事一审案件一年结案 324 万件，而在 2014 年，这个数字已经超过了 800 万件。在大学，有《高等教育法》、有《普通高等学校学生管理规定》，有田永案等经典判例，作为学生维护合法权益的支撑。甚至在《华东师范大学学生违纪处分办法》这样一份连规范性文件都算不上的文件中，居然详细地列举了可以作为处分依据认定的九种证据形式，处分决定送达的四种方式，简直就是一部迷你版的民事诉讼法。我想这背后所反映出来的，是全社会对于法治和规则的尊重。所以我也很相信，今天的小学里，再也没有哪个老师敢把他的学生从教室里拎出去了。

2018年是改革开放40周年，尽管我只经历了其中一半，但是我见证了党的十八届四中全会的召开，见证了上海司法改革的突破，最重要的是，我确信我见证了改革开放以来最伟大的法治成就，那就是法治精神深入人心。而在这个过程中，我们每一个平凡的法律人，都是中国法治进程的推动者。作为一个年轻的法科生，我想我一定会传承好这样的法治精神，奉法守正，知行合一。

小议改革开放以来我国法治文明建设之路

沈志韬[*]

党的十九大报告指出，明确全面推进依法治国总目标是建设中国特色社会主义法治体系、建设社会主义法治国家。改革开放 40 年来，我国不断深化法治文明建设，努力探索有中国特色的社会主义法治文明建设道路。将"依法治国，建设社会主义法治国家"载入宪法，将依法治国作为治国方略；不断推进司法改革，努力树立司法公信力；积极提升法学教育水平，培养依法治国的专业人才。

一、坚持依法治国基本方略

建设社会主义法治国家，是中国特色社会主义理论和实践的重要组成部分。改革开放以来，我国始终顺应历史发展的趋势，走符合我国实际的法治之路。

一是加强党的领导。加强党的领导，是执政党的客观要求，更是我们多年法治文明建设现实经验的总结。改革开放以来伟大实践充分证明，加强党的领导是我们社会主义法治文明建设的根本保证。我国坚持

---

* 沈志韬，上海外国语大学法学院讲师。

在建设法治文明这一目标统领下，坚持党的领导、人民当家作主和依法治国三者有机统一。因此，党的领导是推进法治、建设法治文明必须始终坚持的前提；同时，我们所要坚持的党的领导，是"三位一体"之下的党的领导，是党的领导与人民当家作主、依法治国相统一的领导。

二是坚持依法治国。我国从国体和政体出发，立足于社会主义市场经济和民主政治发展的时代要求，以科学发展观和社会主义和谐社会思想为指导，探索符合国情和人类法治文明发展方向的核心观念、基本信念和价值取向，不断坚定"依法治国"的信念，始终强调法律在国家治理体系中的重要地位。真正做到"有法可依、有法必依、执法必严、违法必究"的重要原则。

二、坚持司法改革正确方向

司法是我国法治文明建设的重要组成，是维护社会公平正义的最后防线。改革开放以来，我国坚持从制度构建入手，不断梳理司法组织结构，优化司法权力配置，在积极的改革中实现司法公正。

一是建立专业化、职业化、精英化司法队伍。在最新一轮的司法改革中，我国着力改变了司法权从属地方问题。我们的司法管辖范围与行政以及立法的管辖范围完全重合，只有让法院非地方化，才可能解决公正问题。因此本轮改革的重点，是使法官和法院相对独立于地方政府。同时，本轮司法改革还着力解决司法权的职业化问题，努力打造专业化、职业化、精英化的司法人才队伍。

二是促进司法参与社会治理。多年来，我国法院也积极参与社会治理，在坚持司法谦抑性的原则下，适当发挥司法能动性，通过审理典型案件、制作典型判决的方式，引导社会正确认识当前的热点、难点问题，为其他机构处理相关案件提供参照意见与法律依据。形成司法工作与行政管理共同作用于社会治理，践行我国对司法机关参与社会治理、实现社会治理创新的要求，这对于推进中国法治无疑具有重要现实意义。

三、释放法学教育良好效果

法学教育与法学研究为法治建设提供支撑和动力，构成法治建设的重要组成部分。在我国，大学法学教育和法学院历来被视为法律制度的重要组成部分，与国家法治的进步不可分割。

一是发挥法学教育的引领作用。法学教育能深刻地影响社会遵纪守法的意识，促进法治文明的深化发展。法治思想的形成和发展中，在国家民主制度和法律制度的完善和进步中，发挥着不可替代的作用；它致力于法律专门人才培养，担负着建设法律职业共同体的重任，以及为国家和社会培育持续性民主力量和法治力量的重要使命；它还与国家立法、执法和司法形成互动，关注和参与民主法制建设。我国始终重视法学交易，在第一份《中国的法治建设》白皮书中，即将法学教育列为法治建设的重要内容，申明了法治建设和法学教育的逻辑关系。毫无疑问，这将进一步影响着大学法学院的功能定位，促进中国法学教育正确地面对社会转型时期的机遇和挑战，按照法学教育规律把握改革和发展的走向，促进法学教育与法治建设的协调发展。

二是发挥法学教育的研究功能。法学专业的学术研究，是一个国家在相应历史阶段法治面貌的直接反映，更是衡量法制现代化、科学化程度的重要标尺。改革开放恢复民主法制建设初期，我国的法学研究，还缺少对中国法治重大问题的独立研究。改革开放 40 年来，法学理论界坚持改革开放和理论创新，法学理论研究从贫弱、落后逐渐走向丰满、繁荣，法学已经成长为一门比较成熟的学科。近十几年来，法学研究面向法治实践，立足中国问题、社会需要并恰当超越现实，为法治建设提供理论动力和指南，引领着社会制度的进步和国家法治的发展。

改革开放 40 年来，我国坚定建设社会主义法治国家的信念，构建了较为完善的社会主义法律体系，形成了较为科学的社会主义司法制度，还建立了较为扎实的社会主义法学教育体系，这一切努力，都是我国法治文明的重要组成。我们有理由相信，在现有基础上，我国法律制度将进一步完善，法治文明将进一步深化，为我国实现两个一百年的目标，夯实制度与思想基础，提供法治保障与助力。

人民法院在诉讼制度改革中前行

王建平 *

40 年改革风雷激荡，40 年开放风雨同舟。伴随着改革开放 40 年，人民法院在诉讼制度改革的法治轨道上前行，也使我能够与法治结伴同行，同甘共苦，实现了依法治国的中华梦。

没有规矩难方圆——诉讼程序改革

1992 年 5 月起，面对蜂拥而至的三角债等经济纠纷，全国许多法院先后成立了"经济纠纷调解中心"，作为为改革开放和经济建设服务的一种"创新"。"调解中心"采取简化程序、审执兼顾等方法，及时解决了不少经济纠纷，发挥了简便、直接、快速的作用。但因当时缺乏相应的操作规范，"调解中心"运作不久就"走了样"：立案审理不分、对不符合级别管辖和地域管辖的案件也受理不误，并谓之"试管辖"等。1992 年 9 月 10 日，《上海法制报》在"理论与实践"版显著位置刊登了我的文章《无规矩不成方圆——"经济纠纷调解中心"成立后应注意的几个问题》。刊出后的文章在上海法院系统引起很大震动。第二天，恰

---

* 王建平，上海市长宁区人民法院少年庭庭长。

逢全市法院召开经济审判工作会议。会上，时任上海市高级人民法院副院长李国光（后任最高人民法院副院长）在讲话中指出，这是一个行家里手写出来的文章，文章中提出的问题应当引起我们重视。同年10月15日由上海市高级人民法院法制宣传处编发的"上海法院新闻报道评析"中称："可喜的是，面对本市各级法院雨后春笋般地成立经济纠纷调解中心这一现象，黄浦区法院王建平（注：笔者当时在黄浦区法院工作）在《上海法制报》上发表的题为《无规矩不成方圆》的文章，提出了值得注意的三个问题，是有利于经济纠纷调解中心的健康发展的。"文章也引起了最高人民法院的高度重视。次年1月，在上海召开的全国经济审判工作座谈会明确指出：调解中心应受理有管辖权的案件，且不能采取诉讼保全和先予执行措施。1994年10月，第三次全国经济审判工作会议对此又作了重申。当然，文章也遭到许多非议，以致对存在的问题没有冷静分析，认真整改，收效甚微。1995年8月，"调解中心"被正式宣布撤销。

如今，面对人民内部矛盾凸显期的现状，许多法院在坚持有管辖权的前提下，纷纷成立诉调对接中心。2003年6月，上海市长宁区人民法院率先在全国成立"人民调解窗口"，探索多元化或者替代性纠纷解决方式，拓宽纠纷解决的各种途径，运作规范，调解自愿，非讼免费，将大量民间纠纷化解在萌芽状态，创出了具有中国特色的替代性解决争议的模式（ADR），这是一个历史性进步。

法院试行调查令——诉讼方式改革

1999年，长宁区人民法院率先在全国基层法院试行调查令制度，这是由法院签发给当事人的诉讼代理律师向有关单位或个人收集涉案所需证据材料的法律性文件。这项为当事人正当行使调查取证权创造条件的新举措，在上海法院民事审判领域推行后，法学界认为没有理论依据，实务界认为没有法律依据难以推广。调查令在推行与难行的夹缝中颇为艰难地生存着。

我思索着，如何从理论和实践相结合的角度，构建当事人取证保障规则，从而给当事人取证提供方便，最大限度地减少和控制法院职权调查，保持法院中立裁判的地位。于是，我欣然提笔，在2000年8月8日《人民法院报》理论版发表《关于实施调查令制度的几点思考》。次年11月，修改后的文章获全国法院系统学术讨论会二等奖。2003年9月，获奖论文被华东政法大学收入校庆50周年论文集出版发行。如今，调查令在广泛推行中，法官称好，律师称行，社会逐渐接受，理论界逐渐认可。据悉，最高人民法院目前正在修订的《关于民事诉讼证据的解释》（征求意见稿）已经纳入2018年司法解释立项计划，并将调查令制度吸纳进了相关规定中。我想通过大家共同努力，调查令将会继续保持旺盛的生命力。

少年审判新高地——诉讼理念改革

2012年10月，我从研究室主任岗位调任少年审判庭庭长，从此改变了我的工作重心，成为我审判调研生涯的重要转折点，也成就了我到少年审判战线后再创佳绩的梦想。

2012年8月21日，长宁区人民法院时任院长邹碧华（后调任上海高院副院长）突然把我叫到他的办公室说道："你能不能换个工作岗位，去一块新的高地攀登？"……于是，我欣然受命，来到了开创中国大陆少年司法之先河的少年审判庭，走进了少年审判改革的前沿阵地，成为第七任庭长。

少年司法将近三十五年了，虽说还有努力开拓创新和继续发展的广阔空间，但是三十多年少年审判改革探索实践证明，少年司法改革实践是对传统刑事司法的挑战。研究发现，未成年人犯罪与成年人犯罪具有不同特点，未成年人犯罪具有较强可塑性，对少年犯应区别于成年犯主要采取教育措施或者其他有矫正作用的替代性惩罚措施，以达到矫治和减少未成年人犯罪和重新犯罪的目的。我主办的两起少年刑事案件先后入选《最高人民法院公报》成为全国首例，通过挽救一个孩子，拯救一个家庭，维护一方平安等一系列制度创新，促使少年司法始终保持旺盛生命力。

令人可喜的是，三十多年来，全国治安综合治理工作取得明显实效，未成年人犯罪数量大幅度下降。尤其是，自2008年起，全国法院审理的涉及未成年人的犯罪平均每年以7.67%的速度呈不断下降趋势，至2017年减少了63.13%。取得如此巨大改革成效的过程，乃是一个创设和探索的过程，是一个改革和创新的过程，也是一个完善和发展的过程。

惟改革者进，惟创新者强，惟改革创新者胜。多年来，长宁区人民法院少年审判庭在保护未成年人合法权益方面取得新进展和新突破，被团中央命名为"全国预防青少年犯罪研究基地"，还获得"全国法院先进集体"和"全国未成年人思想道德建设工作先进单位"等称号。这将促使我在法治中国的大道上继续奔驰，永远，永远……

在时光里前行

刘滢泉 [*]

> 有一种故事能广为流传，动人而难忘；
>
> 有一种情感能跨越时空，隽永而悠长；
>
> 有一种精神能洞穿灵魂，深刻而激荡。

一滴水可以折射出太阳的光辉，一个地方可以体现一个国家的风貌，一所学校的发展可以呈现改革开放的成就。在时光里穿梭，那些年那些人，好像就在眼前，那些事那些情，宛如就在身边。

在时光里穿梭，仿佛来到了1979年的那个春天，目睹了徐盼秋等老一批华政人在为复校竭尽全力、竞相奔走；看见了复校之初杂草丛生、坑坑洼洼，与外单位合用的华政校园；亲历了校舍、师资匮乏，教材、资料流失的办学困境；走进了大草坪上那一用就是三年的五个军用帐篷。华政师生就是在这样艰苦的条件下踏上了复校发展的新征程。在时光里穿梭，仿佛听到了礼堂和体育馆改造的教室里传来的琅琅书声；仿佛领会了夜间在大食堂、路灯下勤学苦读的思想碰撞；仿佛读懂了炎炎夏日、寒冬腊月草坪帐篷内的坚守衷肠。拓荒者和创业者的那份执著

---

* 刘滢泉，华东政法大学文伯书院运行管理中心主任。

与坚韧，铸就了自强不息、百折不挠的"帐篷精神"，为后辈留下了弥足珍贵的精神财富。

在时光里穿梭，仿佛来到了2003年的那个春天，找到了在沈泾塘畔打下的第一根桩，并伴随建设者们日夜奔忙，仅用了8个月的时间，用一砖一瓦、一草一木铸就了今日风格依然的松江华政园；遇到了初秋时分来到松江的2003级拓荒师生，看见了满校园打着吊瓶的香樟树，走进了那仅有的半幢教学楼、一间图书室、一层师生共用食堂，还热情拥抱了那个时光里的自己。在时光里穿梭，一食堂二楼聆听曹建明老师讲座的激动之心仍未平复；明法楼北广场华政金秋和红五月的掌声还回响在耳边；老师们简易的集体办公室、吃了一半的泡面、同学间有爱的互助成为了那年冬日留在心间的温暖。何其有幸，我们成为了新世纪的拓荒者和创业者，亲历了"大学"的更名，传承着老一辈的"帐篷精神"，在华政发展的历程中留下了属于自己的故事。

在时光里穿梭，60周年、65周年的校庆仿佛就在眼前。在时光里前行，华政在全面深化改革和全面依法治国的大背景下，进入了发展的新时代！华政复校后近40年的发展不仅与共和国法治建设发展紧密相连，更是中国改革开放40年的重要历史见证。

徜徉在华政美丽的校园，落日的余晖将长宁校区染成了一片金色，一座名为"基石"的雕塑静静地矗立在我们眼前。雕塑底座上密密麻麻的手写签名记录着复校后第一批学生的名字，历史将会铭记"帐篷精神""手写教材""草坪课堂"和"路灯苦读"。他们在"忧患中奋进，逆境中崛起"的故事和精神会激励着每一位华政人去创造新的辉煌。

徜徉在华政美丽的校园，清晨的朝阳将松江校区染成了一片金色，韬奋楼的钟声幻化成明珠楼的钟声，在校园的上空久久回荡。穿越悠远的时间隧道，晨风习习，送来道路边拓荒者的欢快歌声；朝霞艳艳，衬出楼宇间拓荒者的坚毅笑脸。韬奋钟声、建筑元素、帐篷精神的一脉相承与创新发展，让新时代的华政和华政人在改革开放的前进道路上走得愈加坚定。

在时光里前行，近40年的光阴仿佛就是一瞬，这期间演绎了多少改革开放背景下法治发展的奋进与荣光。不经意间，回首望去，那些镌刻了华政发展、法治进步印痕的日子，如一片片金色的叶子，均匀地铺洒在近40年的前进道路上。每一片叶子都清晰地记载着，法治中国和华政园的每一点进步和每一次飞跃。心怀梦想的学子和品德高洁的师长，用青春、知识和情怀谱写了华政园诗一般的乐章，教与学的互动就这样一代又一代地为法治精神的传承提供了最坚实的保障。

四十载春花烂漫，四十载弹指一挥间，华政人在每一天的晨曦中，都用热情去歌唱心中的理想；华政人在每一日的忙碌中，都用心灵去勾勒法治中国的模样。这一路走来，艰辛而自豪，这一路向前，无畏而坚定，因为改革开放的锐意进取和"帐篷精神"的一往无前已经融进了每一个华政人的血液，更融入了每一个华政人的生命。

情不知所起，一往而深，华政的故事、情感和精神就是华政人深埋心底的最纯粹的衷肠。在时光里前行，华政人总念：一路行来，两落三起，四季光阴似朝露，春日校园舞翩跹，六月初夏毕业季，不说离别怨，七八夏日潜心钻研意志坚，学海无涯需经九九八十一难，十年树木，百年树人，千言万语，万语千言。书山有路百家争鸣创新论点，每每拾级而上母校恩情念不完，复校时光不久远，常把"帐篷精神"记心间。笃行致知玉成器，辨材何惧长七年？展望改革开放新时代，六合之内、五湖四海尽欢颜。三言两语说不尽母校新发展，不忘初心，携手奋进，勇往直前！

智慧法院的探路者

李敏媛[*]

李敏媛[*]

党的十九大报告指出要坚持全面依法治国，深化司法体制改革。那么如何将深化司法体制改革落于实处，而不仅仅是喊个口号，上海法院给出了自己的答案。若问答案是什么？且先听我给您分享一个真实案例。

2017年8月26日，上海海事法院的执行法官顶着50年一遇的台风"天鸽"来到珠海，准备台风过去后扣船。然而前脚"天鸽"刚飞走，后脚台风"帕卡"又席卷而至，原本要被扣押的船舶"福兴达168"不知踪影。但是这并没有难倒我们的执行法官，他运用船舶大数据分析，追踪定位到了船舶动态，最终依法将船舶扣押。

以上是一起典型的法院利用信息技术和大数据手段精准执法的案例，生动地体现了智慧法院、数据法院的发展，建设"智慧法院"便是上海给出的答案。所谓的建设智慧法院，就是把司法改革与现代科技融为一体的创新项目。具体而言是以人工智能等信息技术为支撑，将大数据、人工智能、云计算、移动互联网等新技术新应用与法院业务深度融合，建立大数据审判辅助、司法公开、诉讼服务、司法分析等体系，推

* 李敏媛，上海海事大学学生。

进审判体系和审判能力现代化。

纵观智慧法院发展的历史，不得不提到上海。在上海的司法改革中，智慧法院是一大亮点。上海市高级人民法院为此制定研究了《"数据法院""智慧法院"建设智慧规划（2017—2019）》，旨在推进上海法院的信息化建设向纵深发展。聚焦上海，智慧法院建设的先锋无疑属海事法院。

2017年，6月28日全国第一家智慧法院实践基地在上海海事法院挂牌，上海海事法院乘着"互联网＋"的东风，实现了全业务网上办理，全流程依法公开，全方位智能服务，并连续两年蝉联中国最透明的海事法院。正是借助信息科技，上海海事法院才能在智慧化数据化的发展过程中实现阳光化、透明化。

大力发展智慧法院，上海成功走在了时代的前列，更响应了党的十八大以来提出的实施网络强国战略、"互联网＋"行动计划和国家大数据战略。

也许有人认为，这些国家级战略都是高居庙堂之上，和我们的生活没有实际的联系。然而这些看似高居庙堂的战略，恰恰渗入了我们生活的点滴。上海的智慧法院建设让司法更加透明化智能化，利民便民的同时更让大家感受到城市的温度，让人民群众真真正正、实实在在地享受到信息化时代的司法红利。

智慧法院的建设方兴未艾，愿网络、阳光、智能的智慧法院能够继续蓬勃发展，奏响司法繁荣的辉煌乐章。

中国国际法的 40 年：从 1978 年到 2018 年

毛真真[*]

英国知名学者马丁·雅克多年前曾指出"21 世纪始于中国的 1978 年"。从党的十一届三中全会到今天，中国的改革开放已经走过了 40 个年头。党的十一届三中全会的召开，使中国国际法真正做到了与世界面对面。改革开放推动了中国同世界的链接，帮助中国顺利地融入了世界经济政治体系。作为人类共同话语体系、世界共同行为规范的国际法，已经成为中国参与国际事务、维护世界和平、促进人类共同进步的重要力量。回顾这 40 年的历程，中国主要处于学习、借鉴和吸收西方国际法理论和实践的阶段。但随着国家经济实力的不断增强，中国参与的国际事务不断增多，当今的国际局势对中国应用国际法甚至是制定国际法规则的能力方面提出了更高的要求。

一、国际法理论研究取得突破性进展

近代史上的中国一直是以国际法的"受害者"的角色出现的，饱受磨难的经历使得国际法在中国的发展本身就受到了一定程度的限制。这

---

[*] 毛真真，上海对外经贸大学讲师。

种境况直到党的十一届三中全会的召开才有所好转。

在改革开放早期，我国的国际法理论主要处于恢复阶段。在这一阶段，以武汉大学和北京大学为首，或建立或恢复了国际法研究的专门机构——国际法研究所。并涌现了梁西、韩德培、李浩培等国际法理论界的前辈。由于该时期的国际法建设主要目标在于恢复发展，因此，这一阶段的主要工作集中在翻译国外经典学术著作之上。同时出版了两部国际法研究的奠基之作：梁西所著的《现代国际组织》和李浩培所著的《条约法概论》。

随后，在中国国际法学会的带领下，针对当时的国际发展态势以及现实需要，分别成立了关于联合国问题、海洋法问题和关贸总协定问题三个研究小组，举行经常性的研究和讨论。同时，国际法专业在整个国民教育体系中所占比重也大幅增加，培养了一批优秀的国际法人才。国际法各个领域的教材经过不断的修订，也日臻完善。

2001年"9·11"事件的爆发使国际关系与世界局势发生了戏剧性的变化。美国频频挑战当时的国际法体系和国际法规范，奉行单边行动。复杂的国际环境为快速发展的中国创造了一个推动中国国际法发展的良好的外部环境。针对当时的纷繁复杂的局势，中国国际法学界的专家学者围绕国家的大政方针，对外政策和对外关系，就中国和平发展与构建和谐世界所设计的重大国际法理论与实践问题展开了一系列富有针对性的研究，并取得了丰富的成果。一定程度上来看，此时中国的国际法研究进入了"黄金时期"。

进入21世纪新时期，习近平总书记在党的十九大报告中提出"推动构建新型国际关系，推动构建人类命运共同体"。这是中国对国际社会展示了自己的世界观和秩序观，回答了中国致力于建设什么样的社会。"两个构建"体现了中国的法治观，强调在国际法上维护共同利益的价值取向。"两个构建"通过构建新型国际关系体现国家间的共同利益，而建设人类命运共同体体现的是国际社会全体利益。"两个构建"体现了中国的国际法治观，对联合国宪章既有继承，也有发展，也是中国对国际法理论的一项重要的贡献。

二、中国积极参与国际社会实践

改革开放的40年，也是中国国际法实践不断创新的40年。整体来看，中国的国际法实践经历了融入、积极参与和积极有为三个阶段。

从参与条约的数量来看，新中国成立到20世纪70年代末改革开放之前，中国仅参加了20个国际组织和34项国际条约以及5000多项双边条约。迄今为止，中国已经缔结了近25000多个双边条约，参加了大约520多个多边条约，条约所涉范围广泛，内容十分丰富。

从国际参与来看，中国严格遵守已缔结的条约义务，积极参与国际法庭的咨询意见程序，接受WTO争端解决机制作出的判决。同时，国际性的司法机构，例如国际法院、国际海洋法庭、WTO争端解决机制，也逐渐出现了中国法官的身影，他们活跃在国际司法实践的第一线，为维护国际社会的稳定发展，公平公正的国际秩序贡献着自己的力量。在《塔林手册》2.0的专家成员的组成中，也首次出现了中国的学者。他们不仅仅代表了中国的利益，更是为了广大发展中国家人民的利益而不断作出自己的努力。

从国际合作来看，中国在不断地融入国际秩序，积极参与联合国各专门机构、WTO，以及地区性的专门机构的相关工作和活动，在维护国际秩序方面作出了巨大的贡献。并且开创性地提出了"一带一路"倡议，在多边或区域贸易协定的谈判中也不再一味地进行妥协或让步，逐渐开始有了自己的声音，逐渐形成或制定本国的国际贸易规则体系。

三、世界新格局下中国运用国际法的展望

一直以来，国际法都是崛起大国的制度重器。中国要想在国际法治领域积极作为，必须成为国际法的强国。随着中国国家实力的不断增强，国际地位的不断提升，中国不能再仅仅局限于适应现有的国际规则。我们更应当将目光集中在如何更好地运用国际法，甚至创设新的国际规则之上。

国际法在国际关系和国家发展的许多关键环节中都发挥着重要的作用。作为一个大国，中国塑造在世界上的形象需要国际法，在参与国际事务的过程中需要国际法，在全球治理、宣扬人类命运共同体的基本理念时同样需要国际法。而若想能够顺利推动"一带一路"倡议的实施，更是离不开国际法的作用。当一国的政治地位、军事实力、经济水平在国际社会的位置既定的情况下，国家运用国际法的能力构成其软实力的重要部分。当前中国正处于崛起变革的关键时期，更应当注重加强提升参与和主导国际法规范体系及其运行程序的能力。

一位老司法所长眼中的司法所故事

冯　斌[*]

　　我是徐汇区司法局华泾司法所所长冯斌。从戎 21 年后的 2003 年 9 月，结束了部队的工作、学习、生活，和绝大多数的部队干部一样，转业回到了地方。40 岁的人了，芳华已不在，部队淬炼留下的只有坚韧、刻苦、勇敢和担当。

　　2004 年 2 月，经过短暂的几个月培训后，我成为华泾镇司法所的一名工作人员。从此，我便与司法行政紧紧地联系在了一起。

　　刚到司法所工作时，所里只有一名事业编制的所长，司法所与综治办合署办公，当时主要以家庭矛盾纠纷调解为主。我到司法所后，充分发挥在部队从事宣传工作的特长，在华泾镇域走街串巷、深入村居广泛开展普法宣传等活动。在区司法局的指导帮助下，我把华泾镇的建华村培育成为第二批"全国民主法治示范村"。随后，又开展了青少年社区矫正工作的试点，这时的人民调解工作也逐步走上正轨。基层司法行政工作的变迁也是随着改革开放的不断深入而发生变化的，职能得到了拓宽和发展，任务更为繁重，可以说，华泾司法所的变化，我既是亲历者，也是参与者，历历在目，值得深思、值得回味。

---

*　冯斌，上海市徐汇区司法局华泾司法所所长。

一、改革大潮中司法所有作为大发展

基层司法行政工作，原本在政府眼里是不招待见的，当时听同事或其他部门的同志说，在司法所工作的人些许有这样或那样的问题，心里总觉得不舒服。2008年10月，通过竞聘，我走上了华泾司法所所长的工作岗位。我走上所长岗位不久，也就是2009年年初，华泾镇的城市化进程进入了攻坚阶段，城市化进程能否顺利进行，直接关系到镇党委、政府的中心工作。随着社会矛盾日益凸显、家庭财产遗产分割继承的纠纷不断增多，这时我把调解庭延伸到村（居）委，用了一年多时间，终于啃下了因撤制村队和集体资产处置所发生的各类社会、家庭矛盾纠纷586件，确保了华泾镇的城市化进程的正常推进。镇领导满意，社区群众满意。而此时，正值市司法局开展规范化司法所建设，原来的司法所只有一个接待窗口、一间办公用房，镇领导决定加盖150平方米，并按要求配齐了政法编制。

二、社会创新中司法所实现标准化

2014年年初，根据市司法局重心下移、力量下移的要求，推进"两个工作"延伸。司法所的职能任务随之增加，工作任务愈加繁重，自身建设面临办公场所、工作规范、管理流程等方面的新问题，原有的"科室化"的工作模式制约了司法所职能的充分发挥。为了进一步推动基层司法行政工作的改革、创新和发展，做大、做强、做优司法所，更好地提升司法所的履职能力。在镇党委、政府的高度重视下，在市、区司法局领导以及职能部门的关心帮助下，政府投入 200 多万元，盖房子、添设备、加人手，临街而坐的华泾司法所变大了。在上海，第一家"标志标识统一、功能内涵统一、管理流程统一"，建筑面积 400 平方米的"5+X"标准化司法所初见雏形。内设的镇公共法律服务中心承担着"调解受理、法律咨询、法律援助、公证联络"等。2016 年年初，在市、区司法局领导帮助下，镇政府在人力、物力、财力上给予了大力支持，把法律服务延伸到居民区。通过一年的努力，全镇 17 个居民区全部建成居民区法律服务工作室，还配有专业律师担任法律顾问，参与小区的治理、普法宣传以及矛盾纠纷化解，同时还实现网上视频咨询，居民足不出小区，就能享受到家门口的法律服务，深受群众的青睐。

三、新时代高科技成就司法所工作新体系

线上：五十知天命，一般情况到了这把年纪，学习已经非常吃力，不要说"高科技"了。但我不愿服老，诚恳向单位的年轻人学习，我学会了注册"华泾司法"的官方微博，并且每天维护，这一年，是 2012 年。2015 年又开通了"华泾司法"微信公众号，开展法治宣传、普及法律知识。为了提高"华泾司法"的运行吸引更多微粉参与，每月组织开展身边常用的法律常识竞答活动，目前"华泾司法"微粉超 56200 人。

线中：大力宣传"12348"法律服务热线，并把司法所各职能条线的电话公布于众，既可以询问"12348"，也可以随时随地电话联系律师和职能条线等。

线下：书写法治春联；举办大型法律咨询超市；建法治文化广场、文化长廊、文化墙等；2017 年 4 月，创刊"法治华泾"报；2017 年 6

月，在华泾镇图书馆开辟"法治图书角"；2018年4月，又在望月路邻里汇开设"品法吧"，充分利用各类资源开展普法和法律服务工作。

在部队我荣立过个人三等功、被评为优秀党员、嘉奖等诸多荣誉，转业回到地方近15年，5次被评为优秀公务员，荣立个人三等功一次，9次被区委宣传部，市、区司法局评为先进个人，2016年被评为徐汇区优秀共产党员，2018年1月获得2017年度上海市司法行政标兵个人等荣誉。华泾镇司法所也获得了上海市示范司法所、五好司法所，被评为上海市司法行政系统先进集体并荣立集体三等功一次，2015年被授予"全国模范司法所"，2017年获得上海市首批标准化司法所。华泾镇连续三届被评为上海市法制宣传工作先进集体。

对我来说，这些荣誉的获得所代表的不仅仅是我个人，这些荣誉的背后，更多的是这些年来司法所工作不断取得进步，司法行政工作砥砺前行的缩影。对我个人而言，我更像是司法行政改革创新浪潮中的一朵浪花，伴随着司法行政工作的蓬勃发展而胸怀激荡、欢欣雀跃。新时代，我将不忘初心，砥砺奋进，努力在基层司法行政工作岗位上再立新功、再创佳绩。

从推进国际航运中心建设看上海的改革发展

李名凯 *

改革开放 40 年来，我国在改革发展、法治建设取得了巨大的成就，作为改革开放排头兵，上海所取得的成就更是有目共睹。目前上海正在推进国际金融中心、国际贸易中心和国际航运中心，作为一名海事大学的学生，上海的国际航运中心建设与我们密切相关，党的十八大以来，上海在航运中心的建设上加快了步伐，推出了一系列新举措。

把上海建成国际航运中心是早在 20 世纪 90 年代中期即确定的目标，2009 年 3 月，国务院通过的《关于推进上海加快发展现代服务业和先进制造业、建设国际金融中心和国际航运中心的意见》(以下简称《意见》)，正式提出到 2020 年，将上海基本建成具有全球航运资源配置能力的国际航运中心。此后，一系列地方性法规或政府规范性文件出台，相关配套机构设立，学界对此研究的论文也层出不穷。

首先在相关政策方面，不管是国家层面还是上海市层面都对此大力支持。在 2009 年国务院发布的《意见》指出，建设国际金融中心和航运中心，对于发挥上海的比较优势和示范带动作用，更好地服务长三角地区、服务长江流域、服务全国，具有重要意义。在建设航运中心过程

* 李名凯，上海海事大学学生。

中，要优化现代航运集疏运体系，实现多种运输方式一体化发展。整合长三角港口资源，完善航运服务布局。探索建立国际航运发展综合试验区，积极稳妥发展航运金融服务和多种融资方式，促进和规范邮轮产业发展。在这个政策的指导下，上海国际航运仲裁院在 2009 年 5 月 25 日成立。该机构是上海仲裁委员会特设的仲裁审理航运交通、物流运输、海事海商、港口建设等纠纷争议案件的专业分支机构。这为航运当事人提供更具灵活性、快捷性、专业性的争议解决方式，有助于国际航运资源在上海集聚。北外滩、外高桥、浦东机场、洋山四大口岸通关服务中心也在政策出台后不久陆续投入使用。在 2010 年 9 月，中国首个实际运作的空港保税区——浦东机场综合保税区正式启动运行，随着机场综保区的运行，上海国际航运中心建设正式进入"海陆空全面联动时代"。此后，上海市人大常委会于 2016 年通过了《上海市推进国际航运中心建设条例》（以下简称《条例》），这一省级地方性法规对航运中心的建设给予了巨大的支持。《条例》的第 1 条即明确说明其制定背景："为了贯彻实施建设上海国际航运中心的国家战略，对接'丝绸之路经济带'和'21 世纪海上丝绸之路'建设，形成与中国（上海）自由贸易试验区建设的联动机制，营造具有国际竞争力的航运发展环境。"在此背景下，上海市内各区也相继出台了政策，比如《虹口区加快发展航运服务业的意见》和浦东新区"十三五"期间促进航运业发展财政扶持办法等，都为建设航运中心起到了保障的作用。

其次，在理论研究方面，我们可以看到自 2009 年起学界对推进上海建设国际航运中心都作出了积极的反馈。以"上海国际航运中心"为关键字在中国知网进行检索，可以看到，2008 年的相关论文还是 230 篇，2009 年就有 635 篇，2010 有 527 篇，此后年份相关研究论文的数量虽有下降，但主要原因还是因为随着研究的不断完善，对很多问题都有了一个较为明晰的结论。以这些论文中涉及国际法的部分为例，其涉及的领域多与海事仲裁有关，既然要建设航运中心，那必然少不了仲裁机构的建设。以国际航运纠纷为中心发散出去，相关研究在海损理算、法律适用、船舶登记、海事仲裁均会涉及，此外，在自贸区的建设过程中也少不了结合相关问题进行拓展。可以说，从报纸期刊到学位论文，或浅或深都对上海建设国际航运中心的问题进行了探讨，相当一部分还给出了解决方案，政府在制定相关政策的时候也可以此为参考。

总的来说，在建设上海国际航运中心的过程中，无论是官方还是非官方，每一个为之付出努力的主体都在作出或大或小的贡献，共同推进这件事向前发展。同时，我们也可以从中窥见整个上海的建设速度和成就，在改革发展的大潮中，法学法律人正在以自己的方式参与其中，我们既是建设者，又是见证者。

人民：宪法最可靠的守护者

杨兴龙[*]

文明诞生伊始，人类就开始了对于法的探索。从中国的法家思想到西方的自然法学派，从亚里士多德的《政治学》到罗尔斯的《正义论》，从原始的神明裁判到今天的依法治国……从东到西，由古至今，我们对法律的求索从未止步。什么是法律？简而言之，法律就是规定公民的权利义务，调整公民社会行为的行为规范。它是公平，是正义，是社会稳定发展的保障。而宪法则是一个国家的根本大法，是一个国家生存发展的基石。我国作为一个人民民主专政的社会主义国家，宪法明确规定"中华人民共和国的一切权力属于人民"。从宪法的诞生，到改革开放40年来我国法治的不断发展，我们认识到我们不能仅仅消极地依赖宪法对我们的保护，更应当积极参与制宪过程及其实施，以守护人民的宪法。

1953年，全国范围内开展了中国历史上第一次规模空前的人大普选。据中国人民大学教授许崇德回忆，1953年夏，他作为中央内务部普选试点工作组成员，前往基层进行普选试点。那个时候，什么叫选举？什么叫选民资格？农民们一头雾水。为了动员大家，许崇德和同事找来

* 杨兴龙，华东师范大学法学院学生。

青年团员组成了宣传队，挨家挨户地宣传："从现在开始，我们要选举出自己的代表来管理国家，这是人民当家作主的权利，是神圣的权利。"宣传很快就见了成效。选民登记那天，选民一早就排起了长队。可是登记时，很多妇女不识字，也都没有名字。"我们现场就给她们起开了名字——你就叫李桂兰吧，你就叫朱秀珍吧……"参选的妇女们都很高兴。开选民大会那天，大会主持人念完候选人的名字，同意的举手，不同意的不举手，这样就把乡人大代表选出来了。对于饱受压迫的中国人民来说，这次选举是他们人生中的一件大事。天津妇女蒋宝珍，结婚时正赶上选举，她为了投票，等了两个小时才上花车。她说："结婚是大事，选举更是大事，结婚是喜事，选举更是喜事。"上海一位刚生了孩子的妇女不能参加选举大会，就给孩子起名"选玉"，作为纪念。海外归侨陈聪兴奋地说："我活了90多岁，到过许多国家，从来没有见过这样民主的选举。"

按照当时人口普查统计，新中国有6亿人，而当时的人大普选涵盖了5.7亿人，共选出近570万基层人大代表。这次规模巨大的民主选举，为全国人民代表大会的召开奠定了坚实的基础。随后召开的第一届全国人民代表大会表决通过了《宪法》，保障了我国人民的基本权利，明确了新中国在向社会主义过渡时的总路线，为人民幸福和国家发展打下了坚实的基础。

党的十一届三中全会后，中国迎来了改革开放的新时期。1982年12月4日，在第五届全国人民代表大会第五次会议上，3000多名全国人大代表通过无记名投票，表决通过了新的《宪法》。它明确了国家的根本任务是集中力量进行社会主义现代化建设，为新时期国家的发展指明了方向。值得一提的是，这次修宪把"公民的基本权利和义务"一章置于"国家机构"一章之前，意在表明国家权力来源于人民的委托和授予，体现了对人文精神的追求，凸显了宪法尊重和保障人权的核心价值，反映了国家的一切权力属于人民的宪法原则。

当然，宪法对人民利益的保障，不仅仅来自宪法本身，也来自我们人民对宪法的捍卫。2003 年，任职于广州的湖北青年孙志刚在前往网吧的路上，因缺少暂住证，被警察送至广州市收容遣送中转站，并于次日被送往一家收容人员救治站。在那里，孙志刚受到工作人员以及其他收容人员的野蛮殴打，最终不治身亡。孙志刚案件在当时震惊全国，引发了中国国内对收容遣送制度的大讨论。随后三名法学博士俞江、腾彪、许志永向全国人大常委会递交审查《城市流浪乞讨人员收容遣送办法》的建议书，认为收容遣送办法中限制公民人身自由的规定，与中国宪法和有关法律相抵触，应予以改变或撤销。之后，盛洪、沈岿、萧瀚、何海波等 5 位著名法学家以中国公民的名义，联合上书全国人大常委会，就孙志刚案及收容遣送制度实施状况提请启动特别调查程序。同年 6 月 20 日，国务院总理温家宝签署国务院令，公布新的《城市生活无着的流浪乞讨人员救助管理办法》，旧办法随即废止。这是中国公民首次行使违宪审查建议权，表现了我国公民对于我国法治建设的关注以及捍卫宪法的精神，对中国法治建设起到了巨大的推动作用，让我们看到了人民不仅受宪法的保护，同时也是宪法的捍卫者。

九鼎重器，百炼乃成。在改革开放 40 周年之际，第十三届全国人民代表大会第一次会议，表决通过了新的宪法修正案草案。这是时代大势所趋、事业发展所需、社会民心所向，是推进全面依法治国、推进国家治理体系和治理能力现代化的重大举措，为更好地保护人民权利，实现中华民族伟大复兴的中国梦提供有力宪法保障，具有重大现实意义和深远历史意义。

宪法是一个国家的根本大法，在法律体系中它高高在上，但对于人民来说，它绝对不是遥不可及的。"徒法不足以自行"，宪法保护我们人民的基本权利，同时也需要我们人民去积极建设与捍卫。

从"畏"到"敬"

吴 迪[*]

一早坐地铁，正好遇见一位妈妈在训斥不听话的孩子。她用尽各种招数，仍然止不住孩子的哭闹。这时恰好边上走过两位巡逻民警，这位妈妈马上指着民警说，再哭，就让警察把你抓走！孩子的哭声戛然而止。

那一刻我很想知道巡逻民警的心理阴影面积究竟有多大。

可转念一想，恐怕不少人的记忆深处都藏着类似被"恐吓"的经历。

中国人从前是有点"畏"警察的。

有一个词叫做"敬畏"。"畏"字本身带有"恐惧"的意思，而"敬"则是"尊敬"的意味。虽然两者表达了一种类似的情绪，可出发点却截然不同。

其实这种"畏"是带有一点暧昧的。在法治不完善，民众对于公权力缺少监管的年代，"畏"多少有一些不得已。然而随着"微博、微信"等网络工具的普及，这种不对等逐渐发生了偏转，公众开始运用网络发声的方式质疑公安机关的执法行为，"我爸是李刚""躲猫猫"等负面词汇频频在网上出现。而随着传媒业的竞争加剧，"吸引眼球"成了媒体的头等大事，少数媒体通过炒作所谓的"执法不公""不作为"来取悦受

---

* 吴迪，上海市公安局长宁分局政治处副主任科员。

众，一时间，警察曾经高大的形象开始坍塌。无数民警在日夜兼程流血流汗维护社会稳定的同时，却还要面对部分公众的冷眼、指责、质疑。他们从心底发出了呐喊，我们究竟做错了什么？

这并不奇怪。面对犯罪，警察总是一马当先；面对危险，警察总是义无反顾；面对凶恶，警察总是冲锋在前。这与公安工作的性质密不可分，公安工作涉及百姓生活的方方面面，与群众接触最直接、最广泛。然而，改革开放的40年也恰恰是社会矛盾集中爆发的年代，承担维护社会稳定的公安机关常常处于矛盾处置的最前沿。近年来，一些地方政府机关在处置重大突发事件时，出于各种目的，企图掩盖真相，当结果真相大白后令政府威信受到极大损害。而作为维护社会稳定的主要力量——公安机关的公信力和警察执法威信不可避免受到冲击。

而智能手机的普及更是推动社会进入"全民记者"的时代，小小的手机成了一个放大镜，审视着警察的每一个执法行为。部分民警的执法经验不足，忽视执法细节；或者抱着"多做多错"的心态，在执法工作中畏首畏尾，陷入"身为执法者却不知执何法"的怪圈。自身不过硬，给"警察打人了"、"警察不作为"等负面舆情留下传播空间。无怪乎不少警察面对手机镜头避之不及，诚如十多年前冯小刚的电影《手机》里所惊呼的那样，"这不再是手机，而是手雷"！

壮士断腕，英雄自戕。正视自身的不足，公安人勇于承担责任，不断拷问着自我的执法水平。近年来，公安机关从加强自身规范化建设入手，不断提升执法水平，着力提高民警的专业素养和执法实战能力。同时督促广大公安民警时刻注意树立自身形象，严格遵守各项规章制度和纪律规定，从一言一行着手维护公安机关的公信力，树立警察形象。

树立警察形象，是对法律权威的维护。法律是人类文明的发展成果之一，也是文明社会必须遵守的规则。不久前一段被称为"教科书级"的警察执法视频在网络上广为流传。民警口头传唤、连续三次警告、使用辣椒水、行动前提醒无关人员远离等一系列措施受到公众热议。警察代表的是法律，正常执法不容亵渎。从来没有什么岁月静好，危险其实离我们每个人并不远，而这中间只隔着一道警察的屏障。捍卫法律权威，保障的是安全、秩序、公平、正义。

树立警察形象，是对法治精神的弘扬。法治社会中的警民关系，应该是文明执法和全民守法的结合。良好的警察形象塑造，其实也是对警察执法行为的规范。2017年9月，一起"摔抱孩子妇女"事件同样引起人们的广泛热议，袭警的妇女被依法追究法律责任，而对于执法失当的民警公安机关也不袒护，事后被予以处罚。警察必须把保护人民群众的安全作为执法的第一宗旨，公众应当依法配合警察执法，这两个原则不能相互冲抵，这才是法律的态度，法治的精神。

树立警察形象，是对社会正气的伸张。公平正义始终是推动社会进步的共同语言。上海市公安局长宁分局北新泾派出所民警吕洁长期坚守社区，帮助刑满释放人员重新回归社会。她的事迹一经媒体报道之后，得到了社会普遍赞誉。"最美警花"的"美"不仅仅在于她的警察身份，而是其间这份真切唤起了人们共通的情感。公安队伍是一支英雄辈出的队伍，人们崇拜英雄，时代呼唤英雄，那些可歌可泣的事迹，是带给整个社会的一道暖阳。

每一次变革都涤荡着公安人的尘埃，每一次涅槃都重塑着公安人的身躯。从"畏"到"敬"，警察形象树立的脚步，正是法治建设的一个缩影；从"畏"到"敬"，对警察态度的悄然变化，恰恰是法治精神的一种折射；从"畏"到"敬"，虽然只是一个词组的两端，但这一步所留下的，正是改革开放40年来公安改革的深刻足迹。

厉害了，我的看守所

张瑜婕 *

2018 年适逢改革开放 40 年，伴随改革的深入，我国的法治建设取得了巨大的成果，与此同时也意味着我们正面临着新起点、新要求、新挑战。40 年的不忘初心、砥砺前行，我们看守所也发生了翻天覆地的变化。作为建设法治中国的重要力量——公安机关的组成部分，我们始终坚持发展与改革同步，做依法治国的实践者，"以人为本"精神的推进者。

我是一名 90 后青年民警，虽说接触监所工作还不到 3 年，可我的带教师傅老徐是一个有着 20 多年工作经验的老民警。老徐经常和我说的一句话就是："小张，现在的看守所可不一般，你算赶上好时候了！"

前 行

记得第一天踏进监区的时候，看着一个个身穿识别服的在押人员，我有些怨念："现在的罪犯太多了！"老徐立马一本正经地纠正我："你的概念不正确。自 2016 年起，以审判为中心的诉讼制度改革已经全面

推开，绝大多数在押人员的身份是'未决犯'而不是罪犯！"下班后她又借给我一本新刑诉法，教我要执法就得先懂法。

翻阅历史资料，40年前的监所隶属于公安预审，而现在的看守所是一个独立的部门，履行羁押依法被逮捕、刑事拘留的犯罪嫌疑人、被告人的职能。国务院于1990年3月17日颁布《看守所条例》，随后公安部于1991年10月5日发布《看守所条例实施办法》，如今我们看守所民警执法都必须严格做到有法可依、有法必依。

比如，老徐说《刑事诉讼法》没有修正案前，申请律师会见在押人员要经过层层上报，批与不批也没明确依据，现在律师再向看守所申请会见，符合法律规定的，我们会在48小时内予以安排。这既体现了法治建设的进程，又闪烁着"人性味儿"。

随着与看守所相关的法律逐渐完善，法制精神深入人心，监所也建立了安全与以人为本并重的看守所管理模式，我们民警依法实行人性化管理，如时均谈话、分类管理、综合考核等，尊重和保障在押人员的人权。

给　力

上学时特别流行TVB警匪剧，入警前我憧憬的还是抓贼擒歹徒，我跟老徐吐槽道："咱这搁古代就是狱卒啊！"老徐不置可否，她说20多年前自己刚上班时，看守所警力只有现在的一半，每天的工作就是"一收二看三送走"。那时候技防手段也很有限，民警只能靠两条腿、一双眼睛去巡视、去观察在押人员是否违法违规。

而如今，我们看守所民警的职能被细化为收押、管教与巡控。每个监区都配备四个班组的巡控民警，采用四班三运转或者三班四运转模式，一方面保证了看守所 24 小时专人值守，另一方面使得民警有足够的休息以保证上岗时能集中精力应对警情。

现在的设备也与当初不可同日而语，我们看守所的每个监室都实现了 360 度监控全覆盖，民警在分控室内就能对整个监区一览无余。不仅如此，我们还引进了"红外线物理围墙"等先进设备，当任何监室内有超过设定范围的举动或行为，第一时间在监控屏幕都会报警引起注意，在设备辅助下，减少了民警一半以上的漏察率。

老徐还特别羡慕我，她年轻时每天重复着单一枯燥的工作，缺少成就感。现在，除了日常工作，我们看守所成立了民警培训团为在押人员开展法律知识讲坛与职业培训，同时成立了心理辅导小组，为一批在押人员缓解了极端情绪。而我在所部组织的这些活动中发挥了自己的法律专业知识，收获了职业成就感。

非　凡

曾几何时，网络媒体与自媒体上疯狂报道看守所"躲猫猫"、"洗澡澡"等负面新闻，对于看守所我第一反应就是黑暗之地。直到入警的那一刻我才相信我真的成了一名看守所民警。老徐听到这些一下激动了，"当时我们看守所的首要目标一度为'两防一退'——防事故、防非正常死亡，退出舆情热点。网络上都把看守所妖魔化了，那几年我们真是看到镜头就怕呀！"

防民之口胜于防川，阳光是最好的去黑剂。现如今，看守所开始主动站出来迎接群众的检验：我们每年开展数次"公众开放日"活动，邀请群众入所参观；我们建立了自己的微信公众号，适时发布所内的活动概况；我们定期邀请媒体记者前来监督报道，宣传监所改革的成果。这些既提高了群众认知度，又减少了群众抗拒感，我们看守所现在已经逐渐把自己打造成对外展示公安法治文明的窗口。看到这，老徐不禁感叹："厉害了，我的看守所。"

同时，公安系统的自查也亦趋严格，所里的监控视频全部上传给上级部门和检察系统，公安部和监管总队每日对视频进行巡查，这也使得我们的工作质量不断提升。

以前在押人员权利受到侵害的救济渠道很少，而现在，我们看守所内就有驻所检察室、特邀监督员和督查投诉信箱，在押人员可以第一时间获得权利救济，而我们也会在法律允许的框架下尽力给予帮助。

"以后监所的改革发展还是要靠你们年轻人"，老徐对我们述说着她的口头禅，目光中不时流露出艳羡的神情。是呀，法治建设时不我待！

习近平总书记在党的十九大报告中指出：全面依法治国是国家治理的一场深刻革命。在这场变革中，我们看守所扮演着重要的角色。重任在肩，我们将坚守过去的成绩，期许未来更多的建设成果。此刻，"阳光监所"正整装出发，时刻准备为再造现代警务流程、为上海"智慧公安"建设添砖加瓦。

改革开放 40 年 移民法治新动向

谷明杰 *

改革开放以来，我国与世界各国的交流越来越密切。进入 21 世纪，中国经济发展速度位居世界前列，国民生活幸福指数显著提高。在国内经济发展的同时，我国也开展多项国际经济交流活动，随着"一带一路"合作倡议的提出，越来越多的国际移民也开始进入中国。据 2015 年中国国际移民报告显示，外国人来华已成为国际移民潮的新趋势。英国汇丰集团 2014 年 10 月进行的"最吸引外籍人士居住的国家或地区"调查中，中国排名位列第三。据联合国估计，2013 年居住在中国境内的外籍人士为 84.85 万人，年均增长率 3.9%。

我国在国际舞台中对移民治理的参与始于改革开放初期，2001 年中国成为 IOM 的观察员国并继续与其在多个国际问题上相互配合。通过 20 多年的合作交流，2016 年 6 月 30 日，中国正式成为 IOM 的成员国，标志着中国在国际移民问题上的话语权进一步加强。经过多年的项目合作，中国的国际移民治理能力有较大的提高，但同时，国际环境和国际移民问题也日趋复杂，我国移民治理面临着更大的挑战。要在全球移民治理中发挥更大的作用，除了提高话语权外，还需要加快完善我国国际

---

* 谷明杰，上海外国语大学学生。

移民治理的相关法制建设。

2018年3月17日，第十三届全国人大第一次会议表决通过了国务院机构改革方案，其中提出组建由公安部管理的国家移民管理局。同年4月2日，国家移民管理局正式挂牌，同时加挂的还有中华人民共和国出入境管理局，这充分体现了我国在全球治理环境下加强对国际移民管理的决心，专门机构的设立也预示着我国加快国际移民管理法制化、一体化的步伐。

当前我国有关国际移民方面的法律法规包括但不限于2004年公安部、外交部发布的《外国人在中国永久居留审批管理办法》、2010年人社部新修订的《外国人在中国就业管理规定》、2013年国务院颁布的《外国人入境出境管理条例》等行政法规、部门规章。各地为了结合地方实际，切实做好移民管理工作也不断出台地方政策性文件进行规范。如上海作为我国国际化城市的代表，在2015年7月1日出台实施了《上海科创中心系列出入境政策实施细则》，重庆市公安局出入境管理局也于2017年6月6日起正式实施《助推重庆内陆开放高地建设14项出入境配套政策措施》，在海外人才认定标准，来华签证办理程序、申请永久居留认定规则方面提出了更加适应实际的新方案。

随着2018年4月2日国家移民管理局的成立，我国在移民管理机构上已经有了初步的统一，可以预见，除了国务院机构改革方案中提到的基础管理职能外，国家移民管理局还将会增加部分服务职能，同时牵头承担外国人在华的服务工作。当前，根据《外国人在中国就业管理规定》的要求，外国人在我国就业审批手续繁多，程序复杂，多个部门存在着职能交叉现象的同时，也为申请人增加负担。国家移民管理局成立后，可以综合各部门需审核的事项，重新划归管理权限，统一制定审核标准，在外国人入境之时就按照签证性质划分类别，尽可能一次性收集相关资料并严格审查，通过与其他部门联网分享数据，为申请人制造便利的同时也有利于我国对在国内外国人相关资料和数据的统一管理。

非法移民也是我国在全球治理环境中需要加强重视的问题，随着我国边境口岸开放和对外贸易的不断发展，越来越多的外国人通过商人身份合法进入我国但在签证过期后非法滞留、偷渡的问题也一直存在。我国一些边境地区加强对非法移民的治理，是我国近期持续关注的重点。国务院机构改革方案中提到，国家移民管理局的职能包括难民管理、国籍管理，牵头协调"三非"外国人治理和非法移民遣返，说明国家已经开始重视相关问题并致力解决。可以预计，相关部门将会加强签证的审核力度，从事前预防外国人签证过期滞留问题；由国家移民管理局牵头，联动地方各级出入境管理部门，增强对已有非法移民聚居区的巡查，加强对于非永久居留外国人在出行、居住等方面的身份核查，并严格按照规定遣返非法居留人员，提高我国国际移民管理的权威性，保护合法移民的权力。

改革开放 40 年以来，我国不断加强移民管理法制建设，也在移民管理方面不断取得进步。上海作为中国国际化都市的先行者，也是移民法制管理的试验田。2018 年年初，上海市推出了"聚英计划"，为外籍高精端人才办理永久居留、长期居留、人才签证等环节提供更多便利。目前，我国在部分科研领域还没有达到学科前列，掌握顶尖知识的国际人才可以协助我国高校、科研院所进行更加深入的研究和学术创新工作。给予这些国际人才永久居留身份，保证其基本生活稳定，可以让其更好地融入我国环境。

站在新的历史起点，相关立法者还需要总结以往的相关经验教训，立足实际国情，继续在移民法制的相关方面做出卓有成效的改革，为把我国建设成为富强民主文明和谐美丽的社会主义现代化强国，实现中华民族伟大复兴贡献力量。

改革开放 40 年间的知识产权法制建设

邵依薇[*]

改革开放以来，我国在法治建设上经历了三个阶段。第一阶段：1978 年党的十一届三中全会总结"文革"教训，重新认识到社会主义法治建设的重要性。第二阶段：1992 年党的十四大确立了社会主义市场经济体制改革目标，中国法治建设进入了快车道。第三阶段：跨越"中等收入陷阱"，实现经济和现代化腾飞，必须全面推进依法治国。

作为依法治国的一部分内容，我国的知识产权法制建设也经历了从无到有、从粗到精的三个阶段。第一是起步阶段：1979—1990 年，在这一阶段，我国政府认为知识产权法律制度的完备程度成为影响吸引外国资金和技术，顺利开展对外贸易的重要因素。第二是过渡阶段：1991—2001 年，在这一阶段，我国经历了包括三次中美知识产权争端解决谈判、准备加入 WTO 等许多重大事件。第三是深入阶段：2002 年至今，在这一阶段，我国的知识产权研究对以往的研究模式进行了较大的突破。

我国的知识产权保护制度是伴随着改革开放而建立又不断发展起来的，它既是改革开放的产物，又是改革开放的保障。

---

* 邵依薇，同济大学法学院研究生。

改革开放初期，知识产权这个概念都还鲜为人知，更不要说对知识这种无形物有意识地进行保护了。不得不说，我国的知识产权法制建设比发达国家要晚得太多，在我们蹒跚学步时，他们已经能够走路了。

另外，在当时的国际贸易往来中，我国也面临着来自发达国家尤其是美国的压力。它们在完善知识产权保护法律制度问题上向我国施压，屡次指责我国对知识产权保护不力。美国向来把知识产权作为中美贸易中的核心问题，在1979年中美两国签订的《中美高能物理协定》和《中美贸易协定》中，美方都执意要求加入"知识产权保护条款"，要求中方提供专利、商标和版权保护以及限制不正当竞争。在《1988年综合贸易与竞争法》中，美国特别强调了对知识产权的保护，其中，"特别条款"对我国发起调查并将我国指定为重点国家。直到1992年中美签署了《中美知识产权谅解备忘录》，才终止了特别条款。

在内部动因和外部压力的双重作用下，我国的立法速度之快绝无仅有。在短短十几年间，我国陆续颁布了《商标法》《专利法》《著作权法》《计算机软件保护条例》《反不正当竞争法》等有关知识产权的法律法规，并先后加入了世界知识产权组织、《巴黎公约》《马德里协定》《伯尔尼公约》和《世界版权公约》等。同时我国也成立了国家商标局、专利局、版权局等一系列知识产权机构，从而初步建立起了一套既有中国特色又与国际接轨的知识产权法律保护体系。

在此后的三十多年间，我国的知识产权法制建设有了飞速的发展，上海作为国际大都市，它的知识产权保护工作一直走在全国前列。1996年，浦东新区率先成立中国第一家知识产权保护法庭，并发布了保护知识产权白皮书。2004年，上海市推出《上海知识产权战略纲要（2004—2010年）》，成为国内知识产权保护的领航者。2011年，上海再次推出

《上海知识产权战略纲要（2011—2020年）》，旨在进一步提升上海知识产权创造、运用、保护和管理能力。2014年12月28日，上海知识产权法院正式挂牌运行。2017年4月12日，上海知识产权法院发布年度审判白皮书和20个典型案例。白皮书显示，2016年，上海知识产权法院受理各类知识产权案件1877件，同比上升14.38%。其中，一审案件904件，二审案件973件。审结1877件，同比上升79.27%。在受理的案件中，专利案件559件，商标案件247件，著作权案件921件（含计算机软件著作权案件249件），还有特许经营、技术秘密以及不正当竞争、垄断等案件。可见人们对于自己知识产权的保护意识在不断加强，同样，上海知识产权法院的审判工作也卓有成效。

这不由让我想起了大二暑假期间在浦东新区人民法院知识产权庭实习期间旁听的一个案件。案件的原告是某知名公司，它主要通过在视频内容播放前设置广告以收取广告费，或者向用户提供付费会员服务，会员可观看没有广告的视频内容，以维持正常运营。两被告是在上海创业的小微企业，它们开发了一款名叫"电视猫MoreTV"的软件，让非原告会员也可以不看广告而直接观看原告网站的视频，原告以此为由提起不正当竞争之诉。法庭辩论环节十分精彩，原告指责被告主观恶意明显，侵犯了其合法的经济利益，被告则是一再呼吁给创业者留下一定的法律空间，你来我往，互不相让，直让我们大开眼界。但是这类案件中夹杂着大量的网络技术术语，有些地方不免晦涩难懂，加上那一摞摞厚厚的卷宗，对于法官这个职业的辛苦程度，我也有了更加直观的认识，而正是这一位位法官的不懈努力，上海知识产权的司法保护力度在不断加大，知识产权的保护环境也在不断改善。

曾几何时，互联网一度被贴上"免费"的标签，免费听歌、免费看剧都是我们习以为常的事，而今，随着影视公司对版权的保护及各大视频网站对独播权的重视程度不断提升，付费看内容已经成为一种趋势，实际上，也的确有越来越多的年轻用户愿意接受这种模式，见微知著，我相信随着改革开放的进一步深入，国人知识产权保护意识也将越来越高。

当今知识经济和经济全球化的背景下，知识产权正日益成为一个国家核心竞争力量的关键。改革开放以来，特别是党的十八大以来，中国先后颁布实施国家知识产权战略、建设知识产权强国、"十三五"国家知识产权保护和运用规划等一系列重要政策，对知识产权保护的重视和成就有目共睹，令人自豪。我作为一名知识产权专业的学生，更要努力践行党的十九大精神，不忘初心，为祖国建设知识产权强国贡献自己的一份力量。

40 年砥砺前行，40 年时代荣光

陈子玮*

改革开放，是所有中国人共同的记忆。40 年前党的十一届三中全会开启了我国朝向现代化大步迈进的时代的大门；40 年后的现在，身处时尚又不失风韵的"魔都"上海，我深切感受到了改革开放带给我们的无限未来。

40 年前的上海是什么样子的？那个时候的上海，自行车是主要代步工具，出门叫辆人力三轮车都略显奢侈；那个时候的上海，人们整日埋头于如何保证自己一家人的口粮和基本温饱，对政治经济以及司法漠不关心……而现在的上海呢？现在的上海，小轿车已达到人均一辆，人们的追求不再是速度，而换成了环保；现在的上海，商场熙熙攘攘，每个人都在时尚的前沿游走，时尚不再被"束之高阁"；现在的上海，地铁像蜘蛛网一样遍布各处，交通便利的同时也缩小了地区之间的隔阂；现在的上海，政治经济都是百姓最关心的问题，随着党的十九大的召开，司法改革的不断深化，改革开放不断深入人心。这就是改革开放的魅力所在，感受不到什么深刻巨大的变革，但是随着时间的慢慢流逝，变化都在一点一滴之中。

---

* 陈子玮，上海商学院文法学院学生。

作为一名热爱法律的大学生，我想从我国法治建设的探索来展开改革开放对我们的影响。中国对于法治的探索一直没有停止过，但却因为改革开放才有了巨大的成就，随着中国共产党改革开放后不断推进经济和政治体制的改革，40年间，法治建设逐渐趋于完善，社会逐渐趋于稳定。深入了解改革开放和我国的法治建设，在40年的跨度范围内，大致可以分为如下三个阶段：

一、觉醒阶段

1978年12月，邓小平同志在中央工作会议闭幕会上指出，"现在的问题是法律很不完备，很多法律还没有制定出来。往往把领导人说的话当作'法'，领导人说的话改变了，'法'也就跟着改变。所以，应该集中力量制定刑法、民法、诉讼法和其他各种必要的法律"。邓小平同志进一步指出，"我们要形成一种制度，要不以领导人的改变而改变，也不以领导人注意力的改变而改变"。"使这种制度和法律具有稳定性、连续性和极大的权威，做到有法可依，有法必依，执法必严，违法必究"，并提出，"从现在起，应当把立法工作搬到全国人大及其常委会的重要议程上来"。

之后，1982年制定了新的《宪法》，第五届、六届和七届人大及其常委会先后制定了138部法律，对10部法进行了修改，包括一系列有关国家机构的法律，《民法通则》和一系列单行民事法律、《刑法》《刑事诉讼》《民事诉讼法》《行政诉讼法》以及一批经济方面的、保障公民权利的、涉外方面的、行政管理方面的重要法律，为我国社会主义法治建设奠定了基础。

二、迅猛发展阶段

1992 年党的十四大指出："我国经济体制改革确定什么样的目标模式，是关系整个社会主义现代化建设全局的一个重大问题。这个问题的核心，是正确认识和处理计划与市场的关系。"党的十四大在党的历史上第一次明确提出了建立社会主义市场经济体制的目标模式，要求把社会主义基本制度和市场经济结合起来，建立社会主义市场经济体制。社会主义市场经济体制目标的确立把中国法治建设带入了快车道。

值得特别注意的是，1997 年党的十五大明确提出了"依法治国，建设社会主义法治国家"的基本方略。1999 年 3 月，现行《宪法》第三次修改把"依法治国，建设社会主义法治国家"写入了《宪法》。这对于我们这些法科学生来说，无疑是一项重大的举措。

三、攻坚克难阶段

党的十八大做出了"全面推进依法治国"的重大决策，明确提出，"法治是治国理政的基本方式""要提高领导干部运用法治思维和法治方式深化改革、推动发展、化解矛盾、维护稳定能力"。法治提到全面推进的高度，原因在于经济腾飞阶段的社会多元化、利益多元化，唯有法治才是社会共识、价值共识的最大公约数。

党的十八大以来，习近平总书记提出了"法治中国"的时代命题。党的十八届四中全会做出了全面推进依法治国重大决定，绘就了全面依法治国具体的"路线图"：一是完善中国特色社会主义法律体系。健全宪法实施和监督制度，完善全国人大及其常委会宪法监督制度，健全宪法解释程序机制；二是加快建设法治政府。依法全面履行政府职能，推进机构、职能、权限、程序、责任法定化；三是保证公正司法。完善确保依法独立公正行使审判权和检察权的制度，建立领导干部干预司法活动、插手具体案件处理的记录、通报和责任追究制度，建立健全司法人员履行法定职责保护机制。

身为热爱法律的大学生，我专注于法，虔诚钻研，希望能够为我国法治建设贡献出自己的绵薄之力；身为上海的一名普通市民，我感受着改革开放带来的时代，也盼望着国家能够有更好的未来；身为一名中国人，我为我国改革开放 40 年来取得的成就而感到骄傲，知法守法懂法用法，希望能为我国依法治国的伟大国策贡献出自己的一份力量。

40 年来，我国的法治建设经历了时代的洗涤，不断发展，砥砺前行；40 年来，我国法治建设承受了巨大压力，不断蜕变，成为时代荣光！

永不磨灭的番号

关锐超 *

1978 年 12 月有那么一个身材瘦小的老人用亲切而坚定的语调提出了影响中国近 40 年的伟大决策——改革开放。它像一盏永不熄灭的指明灯，照亮全体中华儿女的自强求富之路，它更像一味强心剂助推着中国特色社会主义的发展脚步。这 40 年来，我们坎坷过，欢笑过，心酸过，骄傲过。这 40 年转瞬即逝，电光石火，但却永远成为我们这一代人共同的记忆。改革开放作为社会主义初级阶段的一个基本点，潜移默化地改变着我们的生活，它用其强大的生命力创造了真正活跃起来的社会主义，创造了进一步造福人民的社会主义。古人曾说："以人为镜，可以明得失。以史为鉴，可以知兴替。"作为未来国家法治社会建设的后备军，这 40 年来的法治成就以及前辈们过人的智慧与胆识着实让我叹为观止，受益匪浅。故写此小议，以抒己见。

从党的十一届三中全会以来民主法制社会的提出到全面依法治国的深入推进，从《选举法》《国家赔偿法》《未成年人保护法》《全国人民代表大会组织法》等近百部法律的相继问世到中国特色社会主义法制体系的初步建成，中国正以前所未有的速度向法治社会、法治强国迈进。党

* 关锐超，上海商学院文法学院学生。

的十八大以来，以习近平同志为核心的党中央推陈出新，继往开来，带领中国法治建设迎来新飞跃，迈向新时代。习近平总书记曾深刻指出："法律是治国之重器，法治是国家治理体系和治理能力的重要依托。建设法治中国，必须坚持依法治国、依法执政、依法行政共同推进，坚持法治国家、法治政府、法治社会一体化建设，坚持科学立法、严格执法、公正司法、全民守法的有机统一"。因此在党和国家的大力号召下，在如火如荼的法治建设大背景下，我们收获了又一批丰硕的果实，迎来了中国法制史上的又一块里程碑。

一、完善了以宪法为核心的中国特色社会主义法律体系

宪法是一个国家的根本大法，是一切立法执法的组织活动原则，习近平总书记提出，坚持依法治国，首先是依宪治国；坚持依法执政，关键是要依宪执政，因此营造良好的法治氛围就必须要从宪法着手。2014年11月，全国人大常委会通过关于设立国家宪法日的决定，以法律形式将每年的12月4日确立为国家宪法日，上海作为改革示范的排头兵，率先开展了城市向宪法致敬以及上海市高校大学生法治辩论赛等丰富多彩的活动，很荣幸作为其中的一员，感受到大家学习宪法精神的热情，更深刻认识到全民学法的益处。作为当代大学生，宪法日的举办不仅能够丰富我们的课余生活，而且潜移默化地影响着我们的价值观，为全面依法治国提供了源源不断的新鲜血液。除了贯彻落实国家宪法日的决定外，2015年7月，全国人大常委会还表决通过关于实行宪法宣誓制度的决定，要求各级人民代表大会、人民政府、人民法院、人民检察院任命的国家工作人员在就职时公开进行宪法宣誓。让我记忆犹新的是刚刚结束的党的十九大，

虽然我没有机会到现场观摩，但通过电视转播仍然让我萌生出一种骄傲感和自豪感。国家主席，国务院总理以及任何一位当选的国家公职人员，他们笔挺地站在主席台中央，握紧拳头，向全国人民宣誓，向全国人民做出保证。然而这绝非苍白无力的喊口号，而是在树立宪法的权威，进一步完善社会主义民主政治。人民是国家的主人，权利来自于人民，因此一切工作的出发点和落脚点都必须是人民群众的根本利益。宪法宣誓制度进一步提升了人民的主人翁意识，更加显现了社会主义制度的优越性。

二、推进依法行政，法治政府建设成绩突出

曾经在百姓口中流传着这样一句话："找政府办事，门难进，脸难看，话难听，事难办。"党的十八大以来，党和国家全面深化改革，提出"简政放权"的方针，精减行政审批程序，推行政务公开，建立阳光型政府，不断拓宽公民参与政治生活的途径，同时强化对行政权力的制约和监督，双管齐下，使权利真正为人民谋福祉，"打老虎，拍苍蝇"净化生态环境，使"法律面前人人平等"的基本原则体现的淋漓尽致，彰显了党和国家治理能力和治理水平的现代化和成熟化。

三、深化司法体制改革，
坚持和完善了中国特色社会主义司法制度

为了迎合巡回法庭进校园的发展契机，很荣幸地走访了上海市奉贤区人民法院，旁听了发生在我们身边的真实案例审判，庄严的国徽，雄壮的国歌，帅气的法官服，虽然已时隔半年，但画面仍历历在目，整个

审理环节公开透明，井然有序，法庭上辩护双方的激烈辩论，让在场的我们心潮澎湃，颇有感触。其实这样的机遇每个学期都会有很多次，模拟法庭，法律职业技能素养的培训等活动的开展，一方面让我们树立了法治思维和法治意识，同时也让我们对司法环节了如指掌，为我们今后的实习提供了宝贵的经验。然而这只是冰山一角。纵观全国的司法体制改革，可谓是改革领域更广，改革力度更大。如中央批准在南京市、郑州市、重庆市和西安市设立巡回法庭，实现重大行政案件，跨区域民商事案件就地审理，排除非法干扰，维护了司法的公正。除此以外，在2013—2016年间，全国法院依法纠正了重大冤假错案34件，涉及54人。数量达到历史新高。内蒙古呼格案，河北聂树斌案等引起了社会的重大反响，这些冤假错案的纠正，重塑了司法保护人权，维护公平正义的形象，重振了人民群众对司法公正的信心。

40年的努力拼搏，40年的沧桑巨变，我们这个团结的民族始终高举着改革开放的番号，我们这个伟大的民族始终不忘初心，砥砺前行，我坚信，在以习近平同志为核心的党中央的坚强领导下，一副绘制中国迈向法制新境界的宏伟蓝图即将展开，中华民族必将又一次迎来世界的瞩目，必将在现代化征程上扩展更加广阔的天空，必将使民族复兴的伟大梦想展翅高飞。

从律师事务所中窥改革发展

汪世玉 *

革命年代，中国人民不屈不挠，团结一心，挽狂澜于既倒、扶大厦之将倾，写下了保家卫国、抵御外辱的壮丽史诗；改革开放以来，中国人民勤劳努力、不懈奋斗，短短 40 年走过西方国家几百年的发展之路，阔步迈向世界舞台的中央。而上海——一个因改革开放而迅速发展的城市，承载着改革开放的历史，是我国改革开放发展进程的一个缩影。

改革开放前，上海的浦东还是烂泥渡路的落后城区，尤其与对面繁华的浦西相比，更是差到不行；改革开放后，这里高楼大厦鳞次栉比，标志性的地区不胜枚举，俨然成为对外开放的最前沿。改革开放 40 年以来，上海律师事务所的发展和浦东的发展十分相似，都是利用改革开放的大好时机迅猛发展。尤其党的十九大报告中强调："建设中国特色社会主义法治体系，建设社会主义法治国家"的基本方略，表明我国法律体系的建立已经成为十分重要的一部分。

律师这个职业起源于古罗马，在那个古老的城邦社会，由于对法律及程序保障的重视，律师享有崇高的地位。而后来，多数国家废除了古代辩论式诉讼，改用纠问式，律师的地位一落千丈。而在中国长期的封

---

* 汪世玉，上海财经大学学生。

建时代并没有建立律师制度，直到清末《大清刑事民事诉讼法》才初次提到律师。此后到中华人民共和国成立初期逐步发展，在一些大、中城市成立了律师协会和法律顾问，其后却一度中断。直到1978年改革开放的后一年才渐渐恢复，从此，律师事业迅猛发展。

在上海这座城市，提起律师事务所，一定要提的就是上海市新华律师事务所——上海市最早注册成立的事务所之一，它创立于1981年，成立之初，不过几个人的小团队，并且在20世纪，国人依法维权的法律意识还处于萌芽阶段，律师事务所的发展前景还不是十分顺利，经过他们的努力打拼，广招人才，坚持用自己专业的知识、高效的服务为客户工作，趁着改革开放的大好时机扎根于上海，从开始的几个人的事务所发展为拥有大量经验丰富、学有所长的复合型人才、从事各种领域诉讼与非诉讼法律服务、规模较大的合伙制综合性律师事务所。

上海市新华律师事务所创立并发展到现在所经历的艰辛是一般事务所不能比的，因为它是从改革开放刚刚开始就在拼搏。而上海大多数律师事务所是在改革开放中后期创立的，这段时期，上海律师事务所如雨后春笋迅速遍布上海的每个角落。它们的发展方式大都是先几个人合伙，后招收法律事业的人才，并逐步扩张自己事务所的工作领域。这其中较典型的代表是明伦律师事务所，自成立以来，明伦律师事务所一直秉承"海纳百川、合作发展"的办所文化与发展理念，致力于成为最优秀的律师事务所之一。经过数年的发展，明伦律师事务所已拥有执业律师150余名，合伙人25名，上海总所在上海市1500余家律师事务所中律师规模排名前列。

律师事务所的发展不仅体现在规模上，还体现在服务范围的变化。改革开放以来，律师事务所一直主要从事刑事、民事、行政、非诉、顾问、咨询六大类业务。然而在改革开放初期，律师事务所在各个领域服务的效力并不高，且几乎都是为国内服务；而近几年，刑事诉讼业务数量变化急剧，民事和行政业务稳速增长，最突出的变化还是服务范围已遍及世界，在当今这个开放的时代，律师事务所面临着"国内市场国际化，国际竞争国内化"的严峻挑战。律师事务所也由原来的纯人力服务转型为可持续发展、科技服务。

上海律师事务所乘着改革开放这艘快艇一路乘风破浪，迅速成长。当然，作为人类社会的产物，它的发展就是改革开放以来整个社会发展的缩影。改革开放40年，华夏巨变史无前例。改革开放让中国发生了翻天覆地的变化，回首过去，我们一路艰辛但也硕果累累；展望未来，我们作为祖国的未来，肩负重任。中国的发展永不止步，因此我们要学习党的十九大精神，坚持全面深化改革，充分发挥我国社会主义制度的优越性！

法治上海40年

胡 然[*]

万事皆归于一,百度皆准于法。1978年党的十一届三中全会吹响了改革开放的号角,也开启了法治中国的新篇章。40年改革开放,岁月激荡,新中国在改革发展、执法司法、法学研究、法学教育等方面都取得了巨大成就。2018年3月22日,法治蓝皮书指出,中国开启了中国特色社会主义法治新征程,中国法治建设站在新时代的起点上积极回应与解决中国社会的主要矛盾,全面发力成效显著。而上海,屹立于新中国东方的一颗明珠,作为新中国改革开放的先行者,在法治建设上更是功勋卓著。

1978年,党的十一届三中全会首次确立了"有法可依、有法必依、执法必严、违法必究"的社会主义法制建设方针。时隔35年后,2012年党的十八大报告和习近平总书记的一系列重要讲话,提出和强调了"科学立法、严格执法、公正司法、全民守法"的新十六字方针。这35年间,中国的法治建设取得了巨大成就。对于巨大成就,中国法学会的《中国法治建设年度报告(2012)》将其总结为:中国特色社会主义法律体系进一步完善,依法行政继续推进,司法公信力不断增强,法制

---

* 胡然,上海财经大学学生。

宣传、法学研究更加深入和繁荣，法治文化建设和全社会学法尊法守法用法的氛围更趋良好。而由 2012 年至今，新中国的法治建设又迈过了 6 个年头，我们从东方明珠——上海来看这 6 年来新中国法治建设的欣欣向荣！

2015 年 8 月 31 日，12 位院校资深法律专家和律师从时任上海市市长杨雄手中接过了盖有市政府红印的聘书。自此，上海市市政府首批政府兼职法律顾问正式上任。履职一年以来，他们或为法制办的执法监督法律事务协调处提供法律咨询；或从参与重大事项社会稳定风险分析与评估；或代表上海市市长参与行政诉讼，出庭应诉；或撰写指定课题研究报告，对规范性文件进行备案审查。他们与市政府的兼职法律顾问合同里记录的是他们作为政府法律顾问的工作事项、工作任务，也是上海市市政府运用"外脑"推动法治政府建设的点点滴滴创新之举。兼职法律顾问制度让具有深厚法律功底和丰富实践经验的法律专家参与到政府的管理工作中来，与政府的法制机构内外互补，共同推进政府依法行政，促进决策制度科学、程序公正、过程公开，遏制权力"任性"。

2017 年 10 月，上海市司法局宣布，将于 2017 年年底前实现上海市居村法律顾问全覆盖。截至 2017 年 11 月底，签约担任居村法律顾问的律师已有 881 名，服务范围覆盖了全市 5843 个居村委中的 2878 个。为居村提供法律顾问服务的执业律师被居民们亲切地称为"片律"。"片律"们在基层为居民提供法律咨询、参与纠纷调解、开展法治宣传。他们答疑依法，止纷用情，撑起了上海市法治社区建设的一片天。从 2006 年的上海市各区县开展的司法所与律师事务所结对，居村委与律师结对的"双结对"活动到 2017 年年底的上海市居村法律顾问全覆盖，上海市法治社区建设一步一个脚印，社区邻里纠纷被有效化解，居民日常维权问题被及时解答，社区拥有了常态化的法律服务，群众崇法守法，形成了良好的尚法风气。

2018年1月，上海市第二中级人民法院诉调对接中心进行了一场特别的调解。参与调解的有诉调对接中心的调解员，原告代理人和电脑屏幕上的被告代理人。原来这是一场"面对面"的在线调解，也是上海二中院首次应用"在线调解"系统成功化解纠纷。经过两个小时的调解，原被告不仅达成了调解协议，还对法院的"在线调解"表达了高度赞扬。"在线调解"技术应用现代科技拓宽了当事人沟通的渠道，让当事人切实感受到了纠纷调处的便利，让当事人对法院有了更深的信任，对法律有了更高的崇敬。2018年法治蓝皮书曾指出，社会治理的法治化和智能化是时代的两大主题。随着技术的进步，人工智能在未来将服务于社会治理与公共服务。在为新兴科技生长预留足够空间的同时，也要充分利用新兴技术的便利，这样才能更好地推进我国法治建设的新进程。

这些都是改革开放40年来，上海法治建设巨大成就的缩影，也是新中国法治建设功勋卓著的有力体现。新中国是一个成长中的法治国家，上海在此氛围中也成长为一个法治城市。40年前我们选择了法治，这40年中的点点滴滴，这一路上法治建设的一招一式都凝结着人民的智慧，党的领导。全面落实依法治国基本方略，加快建设社会主义法治国家。中华民族正在民主与法治的道路上阔步前进。

春风几绿苏州河岸，法治光耀中华大地。40年的法治积淀助推了新中国法治的飞跃式发展，社会主义法治的火焰澎湃地跳跃在每个中国人的心间。中国——这条东方的巨龙必定会在不久的将来成为一个真正意义的世界法治强国。

图书在版编目(CIP)数据

改革开放与法治建设:上海法律人见证的 40 年/崔亚东
主编. —上海:上海人民出版社,2018
ISBN 978-7-208-15574-9

Ⅰ.①改… Ⅱ.①崔… Ⅲ.①社会主义法制-建设-
上海-文集 Ⅳ.①D927.510.0-53

中国版本图书馆 CIP 数据核字(2018)第 269436 号

责任编辑 张晓玲 夏红梅
封面设计 一本好书

改革开放与法治建设
——上海法律人见证的 40 年
崔亚东 主编

出 版	上海人民出版社	
	(200001 上海福建中路 193 号)	
发 行	上海人民出版社发行中心	
印 刷	上海商务联西印刷有限公司	
开 本	720×1000 1/16	
印 张	15.75	
插 页	2	
字 数	183,000	
版 次	2018 年 12 月第 1 版	
印 次	2018 年 12 月第 1 次印刷	
ISBN 978-7-208-15574-9/D·3323		
定 价	68.00 元